Marvin Kohr

Aktives und passives Management von Wertpapierfonds im Vergleich

Ist die steigende Nachfrage nach passiven Investmentfonds gerechtfertigt?

Bibliografische Information der Deutschen Nationalbibliothek:

Die Deutsche Nationalbibliothek verzeichnet diese Publikation in der Deutschen Nationalbibliografie; detaillierte bibliografische Daten sind im Internet über http://dnb.d-nb.de abrufbar.

Impressum:

Copyright © EconoBooks 2021

Ein Imprint der GRIN Publishing GmbH, München

Druck und Bindung: Books on Demand GmbH, Norderstedt, Germany

Covergestaltung: GRIN Publishing GmbH

II

Inhaltsverzeichnis

Abbildungsverzeichnis

Tabellenverzeichnis

1 Einleitung

1.1 Problemstellung

Die vorliegende Arbeit zielt auf einen Vergleich des aktiven und passiven Managements von Wertpapierfonds ab. Grund dafür ist der sprunghafte Anstieg passiv verwalteter Fonds in den letzten Jahren. Galten aktive Investmentfonds lange als alternativlos, zeigt sich bei genauerer Betrachtung, dass das Vermögen, welches in aktiven Investmentfonds angelegt wird, seit Jahren abnimmt. Es findet derzeit eine Marktverschiebung von aktiven zu passiven Fonds hin statt. Diese Marktentwicklung deckt sich deutlich mit einem Bericht, welcher von der international tätigen Wirtschaftsprüfungsgesellschaft PriceWaterhouseCoopers, kurz PwC, im Jahre 2017 veröffentlicht wurde. Darin wurden die kumulierten, globalen Kapitalströme nach Anlagestrategien untersucht. Belief sich das Vermögen in passiven Investmentanlagen 2016 noch auf rund 14 Billionen US-Dollar, was in etwa 17 Prozent des verwalteten Vermögens insgesamt ausmacht, geht man davon aus, dass sich diese Zahl bis 2025 auf 36,6 mehr als verdoppelt und damit rund ein Viertel des weltweit verwalteten Vermögens ausmacht.[1] Als einer der Hauptgründe für diese Verschiebung gilt die Tatsache, dass es aktiven Fondsmanagern gerade in den letzten Jahren nicht flächendeckend gelingt, eine Outperformance in Form von Überrenditen zu erzielen. Dabei ist die Möglichkeit eine deutlich bessere Entwicklung als der jeweilige Referenzindex zu erzielen, Hauptargument für das Investment in einem aktiven Fonds. Doch bereits von vorneherein beginnen aktive Investmentfonds im Vergleich zu passiven mit einem Performancenachteil, da höheren Kosten anfallen. In Zeiten guter Entwicklungen, in denen die Märkte allgemein effizient sind und eine gute Gesamtperformance aufweisen, haben es aktive Fonds besonders schwer, diesen Nachteil auszugleichen und darüber hinaus noch weitere Überrenditen im Vergleich zur jeweiligen Referenzgröße zu erwirtschaften. Ziel dieser Arbeit ist ein Vergleich der beiden Managementstile, speziell soll untersucht werden, ob einer der beiden Ansätze im Hinblick auf die erzielte Rendite überlegen ist. Hierzu wird die Performance als Vergleichsgrundlage herangezogen. Des Weiteren soll die Frage beantwortet werden, ob die anhaltend größer werdende Nachfrage nach passiven Investmentfonds gerechtfertigt ist und in wie weit die in den letzten Jahren positiven Marktentwicklungen dazu beigetragen haben.

---

[1]   Vgl. PriceWaterhouseCoopers (2017), Onlinequelle.

1.2 Vorgehensweise

Zur Beantwortung der zuvor aufgeworfenen Fragen erfolgt eine Untersuchung in zwei Teilen. Im ersten Teil stehen neben einem literarischen Vergleich der beiden Managementansätze die zugrundeliegenden Modelle und Theorien im Vordergrund. Daran knüpft der zweite Teil mit einem empirischen Performancevergleich an.

Zunächst werden im zweiten Kapitel dieser Arbeit die zum Teil schon in der Problemstellung angedeuteten theoretischen Grundlagen des modernen Wertpapiermanagements behandelt. Dazu werden neben der allgemeinen Funktionsweise von Investmentfonds, die Portfoliotheorie nach Markowitz, das Capital Asset Pricing Modell sowie die Effizienzhypothese der Finanzmärkte erklärt und eine Abgrenzung zwischen Indizes und Benchmarks vorgenommen.

Anschließend erfolgt in Kapitel drei und vier eine Einordnung und Darstellung des aktiven bzw. passiven Managementansatzes. Es werden unter anderem in Kapitel drei die gängigsten Anlagestrategien und Analysemethoden des aktiven Fondsmanagements vorgestellt, bevor eine abschließende Gegenüberstellung der Vor- und Nachteile des aktiven Fondsmanagements erfolgt. Kapitel vier stellt dar, wie die Umsetzung des passiven Fondsmanagements in Form des Index Trackings erfolgt und welche Methoden der Indexreplikation angewendet werden können. Abschließend erfolgt auch hier eine abschließende Gegenüberstellung der Vor- und Nachteile.

Kapitel fünf befasst sich mit der theoretischen Betrachtung der Performance als Vergleichsgrundlage für den späteren Performancevergleich. Neben der generellen Einordnung der Performance werden die beiden Teilbereiche der Performanceanalyse sowie die klassischen Performancemaße dargestellt.

In Kapitel sechs steht ein empirischer Vergleich der Performance aktiver und passiver Fonds im Vordergrund. Dazu wird die Performance von je neun aktiven und passiven Fonds über drei Betrachtungszeiträume jeweils untereinander und mit der Performance des DAX als Referenzgröße verglichen.

2 Theoretische Grundlagen des modernen Wertpapiermanagements

2.1 Investmentfonds im Allgemeinen

Die Geschichte der Investmentfonds in Deutschland liegt bereits über 70 Jahre zurück. Die ersten Fonds, der gemischte Aktien- und Rentenfonds Fondra sowie der Aktienfonds Fondak, wurden bereits im Jahr 1950 aufgelegt, beide existieren noch heute unter dem Namen Allianz Fondra und Fondak.[2] Unter einem Investmentfonds im Allgemeinen wird jeder Organismus für gemeinsame Anlagen verstanden, der von einer Anzahl von Anlegern Kapital einsammelt, um es gemäß einer festgelegten Anlagestrategie zum Nutzen dieser Anleger zu investieren. Hinter dieser Definition verbirgt sich ein sehr heterogenes Gemenge von Konstruktionen unterschiedlichster Größe und Rechtsformen mit einem breiten Spektrum an Assets. Ein typisches Merkmal von Investmentfonds ist, dass das jeweilige Fondsvermögen strikt von dem Vermögen der Gesellschaft oder Person welche als Verwalter agiert, getrennt ist. Das bedeutet, im Falle einer Insolvenz des Verwalters ist das Fondsvermögen davon nicht unmittelbar betroffen. Ein weiteres Merkmal welches Investmentfonds auszeichnet ist, dass alle Geschäfte für Rechnung und Risiko des Fonds getätigt werden. Am Markt tritt der Investmentfonds also als institutioneller Investor auf, der im Interesse seiner Anleger Transaktionen durchführt. Die Investoren, welche hinter dem Fonds stehen, treten selbst nicht in Erscheinung. Alle Aufwendungen, die im Zusammenhang mit den Geschäften des Fonds stehen, belasten das Fondsvermögen und werden den Investoren beispielsweise in Form von Verwaltungsgebühren berechnet. Die Beteiligung an einem Fonds erfolgt über den Erwerb von Anteilen. Abhängig von der rechtlichen Ausgestaltung des Investmentfonds kann es sich dabei um den Erwerb von Gesellschaftsanteilen, z.B. an einer Aktien- oder Kommanditgesellschaft, oder um den Erwerb von Anteilen an einem Fonds direkt von der Verwaltungsgesellschaft oder an der Börse handeln.[3] Investmentfonds lassen sich hinsichtlich verschiedener Kriterien unterscheiden, Abbildung 1 bietet dabei eine Übersicht häufig verwendeter Kategorien.

---

[2] Vgl. Raab (2019), S. 1-2.
[3] Vgl. Franzen/Schäfer (2018), S. 4-6.

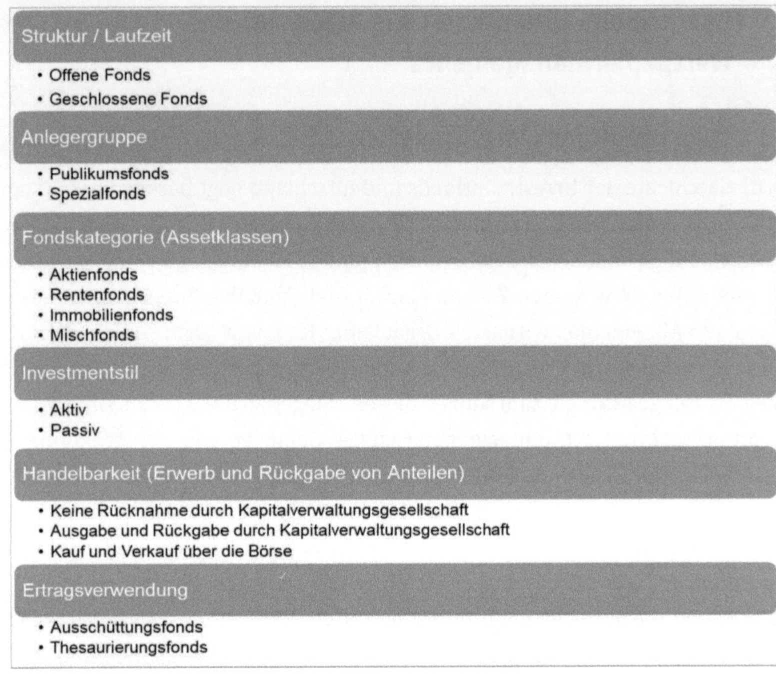

Abbildung 1: Mögliche Kategorisierung von Investmentfonds
Quelle: Schäfer/Franzen (2018), S. 8.

Die häufigste Kategorisierung findet anhand der zugrundeliegenden Vermögenstände bzw. Assetklassen statt. Dabei gilt in Deutschland seit 2013 gemäß der Richtlinie für Fondskategorisierung der Bundesanstalt für Finanzdienstleistungsaufsicht (BaFin), dass bei der Namensgebung mindestens 51 % des Fondsvermögens in den die Fondskategorie bezeichnenden, d.h. namensgebenden Vermögensgegenstand angelegt sein müssen, bei Aktienfonds müssen dementsprechend 51 % des Vermögens in Aktien anlegt sein.[4]

2.2 Portfoliotheorie nach Harry Markowitz

Grundlage des modernen Portfoliomanagements bildet die anfangs der 1950er Jahre von Harry Markowitz begründete Portfoliotheorie. Im Kern der Theorie steht die Aussage, dass Investoren möglichst hohe Erträge erzielen und dabei ein möglichst geringes Risiko eingehen möchten. Mit Hilfe der Portfoliotheorie soll also die

---

[4] Vgl. Bundesanstalt für Finanzdienstleistungsaufsicht (2013), Onlinequelle.

Frage beantwortet werden, wie vor dem Hintergrund einer großen Anzahl zur Verfügung stehenden Anlageoptionen eine ökonomisch rationale Auswahlentscheidung getroffen werden kann. Investitionsentscheidungen lassen sich typischerweise als Entscheidungen charakterisieren, die unter Risiko bzw. unter Unsicherheit getroffen werden. Zum Zeitpunkt des Kaufs einer Aktie ist nicht klar, ob sich die Investition in Zukunft einmal auszahlen wird oder nicht. Ob dies der Fall sein wird, hängt von Umständen ab, welche der Investor nicht beeinflussen kann.[5] Die beiden Größen „erwartete Rendite" und „Risiko" sind daher maßgeblich verantwortlich für die Zusammenstellung eines Portfolios. Um das Risiko zu reduzieren, sollte das Vermögen auf mehrere Anlagen mit geringer Korrelation aufgeteilt werden. Eine solche Aufteilung wird auch als Diversifikation bezeichnet. Darüber hinaus gelten jene Portfolios als effizienter, zu denen es bei gleicher Rendite kein Portfolio mit einem geringeren Risiko gibt, und zu denen es bei gleichem Risiko kein Portfolio mit einer höheren Rendite gibt. Das Grundproblem der Geldanlage besteht also darin, mit der natürlichen Unsicherheit der zukünftigen Rendite umzugehen. Je größer die Rendite ist, desto höher ist auch das entsprechende Risiko.[6] Die von Markowitz entwickelte Theorie basiert außerdem auf folgenden Annahmen:

- Ein Planungshorizont von einer Periode.
- Investoren maximieren den erwarteten Nutzen.
- Anleger nehmen das Portfoliorisiko als Schwankungen der erwarteten Renditen wahr.
- Die Anlageentscheidungen stützen sich auf die erwartete Rendite und das Risiko.
- Die Anleger verhalten sich risikoavers.[7]

Wie in Abbildung 2 ersichtlich ist, wird die Menge, für welche die Effizienzkriterien gelten, durch eine dick ausgezogene Effizienzkurve begrenzt. Zu allen Portfolios die durch ein „x" markiert sind und unterhalb der Effizienzkurve liegen, lassen sich Portfolios finden, welche hinsichtlich ihrer Kombination aus Rendite und Risiko

---

[5]   Vgl. Günther/Moriabadi/Schulte/Garz (2012), S. 23-25.
[6]   Vgl. Steiner/Bruns/Stöckl (2017), S. 7-9.
[7]   Vgl. Mondello (2018), S. 93.

dominant sind. Relevant für den Investor sind daher nur die Portfolios, die auf der Effizienzkurve liegen.[8]

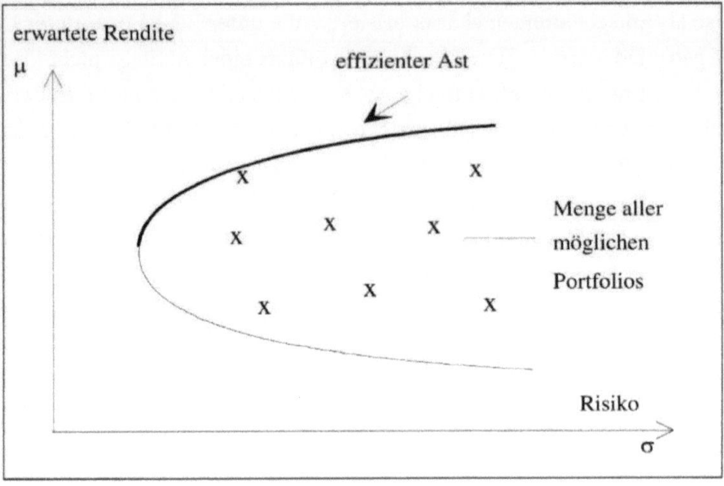

Abbildung 2: Die Effizienzkurve
Quelle: Steiner/Bruns/Stöckl (2017), S. 9

2.3 Capital Asset Pricing Modell – CAPM

Das Capital Asset Pricing Modell kurz, CAPM, gilt als eine der wichtigsten Innovationen der Finanzmarkttheorie. Da lediglich ein Faktor betrachtet wird, um die erwartete Rendite einer Anlage bzw. eines Portfolios zu bestimmen, ist das Modell in seiner Anwendung und Nachvollziehbarkeit eher unkompliziert und intuitiv.[9] Der Kerngedanke der Portfoliotheorie, demzufolge sich das Risiko von Wertpapieren zum Teil durch Diversifikation eliminieren lässt und deshalb nicht das Gesamtrisiko eines Wertpapiers für die Bewertung des Titels ausschlaggebend ist, wird vom CAPM aufgegriffen. Offengeblieben ist in der Portfoliotheorie allerdings die Frage, welcher Teil des Risikos sich nicht mittels Diversifikation beseitigen lässt und deshalb für den Investor relevant ist bzw. vom Markt vergütet werden muss.[10] Die erweiterte Fragestellung des CAPM lautet deshalb: Welche Rendite kann von einem

---

8   Vgl. Bruns/Meyer-Bullerdiek (2013), S. 84
9   Vgl. Mondello (2017), S. 167.
10 Vgl. Steiner/Bruns/Stöckl (2017), S.22.

Portfolio im Kapitalmarktgleichgewicht erwartet werden, wenn neben den risikotragenden Anlageformen auch eine risikolose Anlagemöglichkeit besteht. Daran knüpft die Frage an, welcher Preis einem Wertpapier innerhalb des Portfolios im Kapitalmarktgleichgewicht zuzumessen ist und welches Risiko damit verbunden ist. Das CAPM liefert mithilfe der Kapitalmarkt- und Wertpapierline Antworten auf diese Fragestellungen.[11] Über die bisherigen Annahmen der Portfoliotheorie hinaus werden für das CAPM ergänzend weitere Prämissen eingeführt: Zum einen wird davon ausgegangen, dass ein risikoloser Zinssatz besteht, zu dem jederzeit beliebig viel Geld aufgenommen und angelegt werden kann, zum anderen bestehen bei den Anlegern bezüglich der Rendite und des Risikos aller Wertpapiere homogene Erwartungen.[12] Durch die Hinzunahme einer risikolosen Anlagemöglichkeit in Form des Zinssatzes, kommt es zu einer Mischung der risikobehafteten Portfolios und der risikolosen Anlage. Anhand der Abbildung 3 wird gezeigt, dass es eine Effizienzgerade gibt, die alle anderen Geraden in Bezug auf die Rendite und das Risiko dominiert. Es handelt sich um die Gerade mit der höchsten Steigung welche gerade noch als Kombination von risikoloser Anlage und effizienten Portfolios realisierbar ist.[13]

---

[11] Vgl. Steiner/Bruns/Stöckl (2017), S.23-24.

[12] Vgl. Franzen/Schäfer (2018), S. 209-210.

[13] Vgl. Bruns/Meyer-Bullerdiek (2013), S. 86.

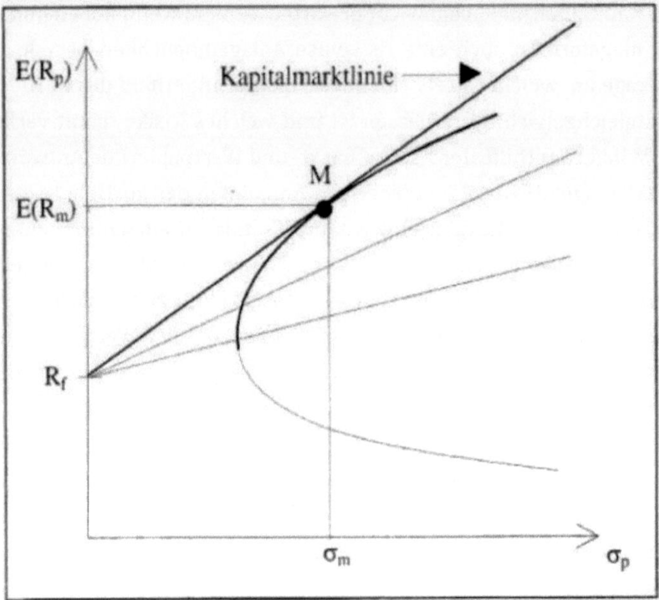

Abbildung 3: Die Kapitalmarktgerade
Quelle: Steiner/Bruns/Stöckl (2017), S. 23.

Besonders zwei Punkte bestimmen die Lage dieser Geraden welche auch als Kapitalmarktlinie bezeichnet wird. Zum einen der Ordinatenabschnitt „R_f" und zum anderen der Tangentialpunkt mit der Effizienzkurve der riskanten Portfolios. Dieser Tangentialpunkt kennzeichnet das Marktportfolio „M", dabei handelt es sich um die optimale Zusammensetzung aller Wertpapiere.[14] Jede andere Kombination ist nicht in der Lage, zu effizienteren Ergebnissen zu führen, da die Gerade zwischen dem risikolosen Zinssatz und dem Marktportfolio „M" immer oberhalb der anderen Kombinationen liegen wird. Daraus lässt sich ableiten, dass die Anleger anstelle eines individuellen Portfolios jeweils die gleiche Zusammensetzung ihres Portfolios anstreben. Lediglich die jeweiligen Anteile zwischen risikoloser Anlage und Marktportfolio werden gemäß der individuellen Risikoeinstellung der Anleger variieren.[15] Nachdem nun mittels der Kapitalmarktlinie die Frage nach der Renditeerwartung riskanter Portfolios beantwortet wurde, verbleibt noch die zuvor aufgeworfene Frage nach dem Preis der einzelnen Wertpapiere. Zur Bestimmung des

---

[14] Vgl. Bruns/Meyer-Bullerdiek (2013), S. 86.
[15] Vgl. Steiner/Bruns/Stöckl (2017), S.25.

Gleichgewichtspreises einzelner Wertpapiere geht man vom Marktportfolio aus. Da im Marktportfolio selbst jedes risikotragende Wertpapier gemäß seinem Anteil am Gesamtumlauf aller Wertpapiere vertreten ist, kann der Wert jedes risikobehafteten Titels in Relation zum Marktportfolio ausgedrückt werden.[16] Aus der Kapitalmarktlinie und der entsprechenden Ermittlung der erwarteten Risikoprämie lassen sich Preise für die einzelnen Wertpapiere innerhalb des Marktportfolios herleiten. Im Ergebnis erhält man die in Abbildung 4 dargestellt Wertpapierlinie.

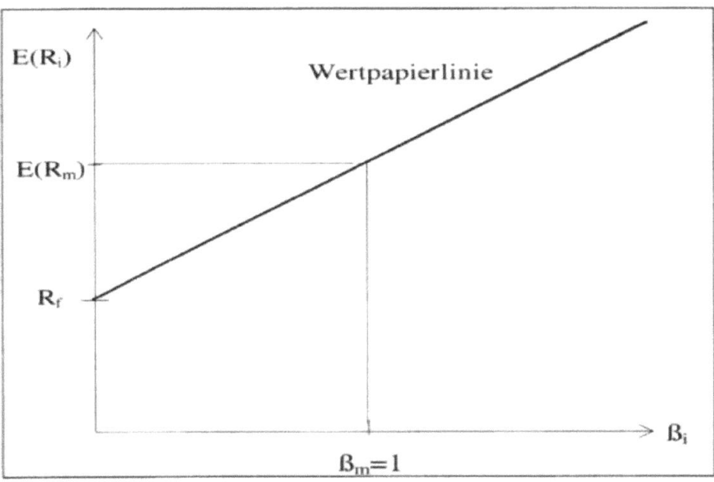

Abbildung 4: Die Wertpapierlinie
Quelle: Steiner/Bruns/Stöckl (2017), S. 27.

Durch die grafische Darstellung der Wertpapierlinie wird deutlich, dass nur Beta als Risikomaß von Bedeutung ist. Dieser Faktor beschreibt lediglich das systematische, also das nicht durch Diversifizierung vermeidbare, Risiko.[17] Den systematischen Teil des Risikos muss also jeder Investor tragen, allerdings wird dies auch mit einer Risikoprämie honoriert. Für die Übernahme von unsystematischen d.h. titelspezifischen oder wegdiversifizierbaren Risiken wird hingegen keine Risikoprämie gewährt. Dies lässt sich damit begründen, dass diese Risiken vollständig eliminiert werden können.[18]

---

[16] Vgl. Bruns/Meyer-Bullerdiek (2013), S. 89.
[17] Vgl. Franzen/Schäfer (2018), S. 212.
[18] Vgl. Steiner/Bruns/Stöckl (2017), S.27.

2.4 Die Effizienzhypothese der Kapitalmärkte

Die Theorie der informationseffizienten Kapitalmärkte befasst sich mit der Frage, ob und in welchem Umfang, Wertpapierkurse die am Markt verfügbaren Informationen vollständig und richtig widerspiegeln.[19] Von einem informationseffizienten Markt wird gesprochen, wenn die Wertpapierkurse zu jeder Zeit alle verfügbaren Informationen vollständig reflektieren. Der Kerngedanke der Kapitalmarkteffizienz beruht also auf der Überlegung, dass beispielsweise Aktienkurse die zukünftigen Gewinnerwartungen der Unternehmen ausdrücken. Dies wird mitunter kontrovers diskutiert, dabei ist nicht so sehr umstritten, ob Kapitalmärkte einen gewissen Grad der Effizienz besitzen, sondern der Effizienzgrad selbst steht in der Diskussion.[20] Als Grundlage dieser Diskussion dient dabei häufig das von Eugene Fama entwickelte Stufen-Konzept. Dabei lassen sich hinsichtlich des Grades der Informationseffizienz drei Abstufungen vornehmen: Zum einen die schwache, die halbstrenge und die strenge Informationseffizienz.[21] Dabei schließt die jeweils höhere Form von Effizienz die niedrigeren bzw. die niedrigere Form mit ein. Dadurch ergibt sich der in Abbildung 5 dargestellte Zusammenhang zwischen den verschiedenen Stufen der Informationseffizienz.

---

[19] Vgl. Franzen/Schäfer (2018), S. 251.
[20] Vgl. Steiner/Bruns/Stöckl (2017), S.41.
[21] Vgl. Günther/Moriabadi/Schulte/Garz (2012), S. 88.

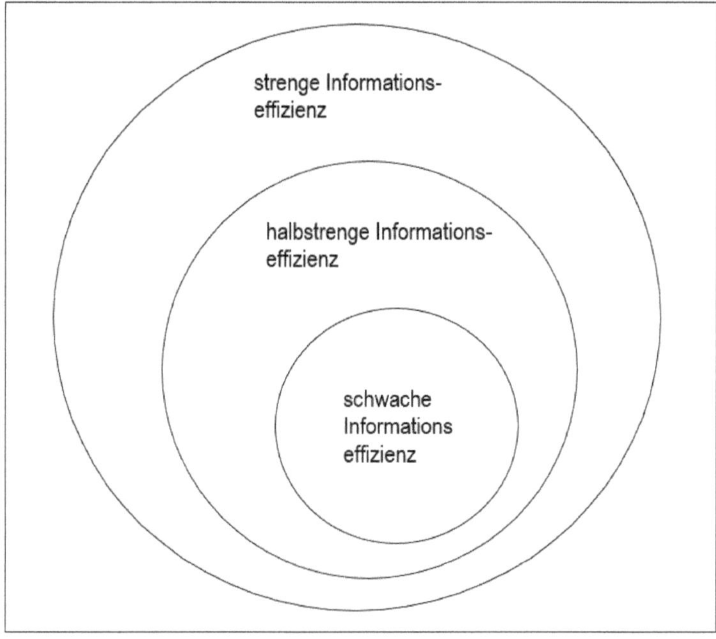

Abbildung 5: Abstufungen der Informationseffizienz
Quelle: Steiner/Bruns/Stöckl (2017), S. 42.

Aus den verschiedenen Abstufungen der Informationseffizienz lassen sich unterschiedliche Konsequenzen ableiten. So bezieht sich die schwache Form ausschließlich auf Informationen aus vergangenen Kursen und Kursveränderungen. Diese Form impliziert also, dass im aktuellen Kurs alle vergangenen Informationen enthalten und richtig verarbeitet worden sind. Insbesondere darf der historische Kursverlauf keine über den derzeitigen Kursverlauf hinausgehenden Informationen bezüglich der zukünftigen Preise enthalten.[22] Die halbstrenge Form der Informationseffizienz, welche die schwache miteinschließt, geht von der unverzüglichen Berücksichtigung aller öffentlich verfügbaren Informationen in den Wertpapierkursen aus. Inhaltlich würde dies bedeuten, dass beispielsweise die Auswertung des Jahres- oder Konzernabschlusses eines Unternehmens überflüssig wird. Denn beim Vorliegen der halbstrengen Informationseffizienz werden Informationen unverzüglich nach deren Veröffentlichung in den jeweiligen Kursen der Wertpapiere

---

[22]   Vgl. Franzen/Schäfer (2018), S. 254.

berücksichtigt.[23] Folglich ist es nicht mehr möglich, über- oder unterbewertete Titel anhand öffentlich zugänglicher Informationen zu identifizieren, da diese Informationen bereits in den Preisen verarbeitet worden sind. Es lassen sich also auch keine überdurchschnittlichen Renditen anhand öffentlich zur Verfügung stehender Daten mehr erzielen, denn gelangen neue Nachrichten auf den Markt, so verändern sich die Preise und spiegeln den neuen Informationsstand wider.[24] Von der strengen Informationseffizienz wird gesprochen, wenn alle denkbaren Informationen unverzüglich und vollständig in die Kurse eingepreist werden. Diese Form der Informationseffizienz stellt die umfassendste dar, denn nicht nur öffentlich verfügbare, sondern überhaupt alle, d.h. auch private und geheime Informationen, werden direkt verarbeitet und in den Wertpapierkursen reflektiert. Die strenge Form schließt also die Gültigkeit der mittelstrengen und schwachen Form der Informationseffizienz ein. Auf einem solchen Markt lassen sich selbst mit monopolitischen Informationen keine Überrenditen mehr erzielen.[25] Der Grad der Informationseffizienz ist für Anleger insofern wichtig, da dieser den Wert von Anlagen beeinflusst und somit Fehlbewertungen offenlegt. Die genaue Bestimmung der Informationseffizienz gestaltet sich allerdings schwierig. Dass die Finanzmärkte nicht streng informationseffizient sind, konnte mittels empirischer Studien relativ leicht festgestellt werden, denn private oder geheime Informationen sind der Öffentlichkeit in der Regel nicht zugänglich. Hinsichtlich der beiden anderen Formen der Effizienz gibt es keinen einheitlichen Standpunkt. Grundsätzlich wird jedoch davon ausgegangen, dass die Finanzmärkte entwickelter Länder, abgesehen von wenigen Anomalien, halbstreng informationseffizient sind.[26]

2.5 Indizes und Benchmarks

Ein Index ist eine zumeist in Punkten ausgedrückte Zahl, mit welcher die Situation eines Marktes oder Teilmarktes sowie dessen Entwicklung im Vergleich zu anderen Märkten oder Teilmärkten abgebildet werden soll. Indizes verdichten dabei die komplexen Geschehnisse auf einem Markt in einer einzigen Zahl. Für sich betrachtet sind die meisten Indexwerte ökonomisch nicht intuitiv interpretierbar, sinnvolle Aussagen ergeben sich erst bei der Betrachtung von Zeitreihen. Diese sind

---

[23] Vgl. Steiner/Bruns/Stöckl (2017), S.43.

[24] Vgl. Mondello (2018), S. 69.

[25] Vgl. Franzen/Schäfer (2018), S. 255.

[26] Vgl. Mondello (2018), S. 70.

entweder auf frühere Werte des gleichen Index bezogen oder relativ zur Entwicklung anderer Indizes.[27] Ein Index ist dann erfolgreich bzw. aussagekräftig, wenn er von einer großen Anzahl der aktiven Marktteilnehmer als Indikator akzeptiert und genutzt wird. In der Regel hat ein Großteil der Indizes folgende Eigenschaften gemein: Sowohl die Indexzusammensetzung als auch die Indexberechnung erfolgt auf Basis festgelegter Regeln – der sogenannten Indexmethodologie, diese Indexmethodologie ist öffentlich zugänglich. Außerdem wird die Zusammensetzung eines Index in festgelegten Intervallen überprüft und gegebenenfalls angepasst.[28]

Eine Benchmark hingegen ist eine Referenzgröße, die zur Messung des Anlageerfolgs hinsichtlich bestimmter Kriterien verwendet wird. Die Benchmark bildet den Kern der Leistungsbeurteilung des Fondsmanagements, sie ermöglicht den Vergleich der Wertentwicklung des verwalteten Vermögens mit einer bestimmten Referenzrendite.[29] Im Gegensatz zu Indizes sind Benchmarks individuelle Referenzgrößen, welche von Investoren festgelegt werden, wenn sie Anlageentscheidungen an Vermögensverwalter delegieren. Die Verwalter erhalten dann von den Investoren Vorgaben, die Benchmark entweder, hinsichtlich Kriterien wie beispielsweise Rendite oder Risiko, möglichst exakt nachzubilden, was einem passiven Fondsmanagement entspricht, oder etwa besser als die Benchmark abzuschneiden, was einem aktiven Fondsmanagement gleichkommt. In vielen Fällen sind Benchmarks eine gewichtete Zusammensetzung aus verschiedenen Indizes.[30] Aus Sicht des Investors sollte die festgelegte Benchmark seine wesentlichen Ertragserwartungen und Risikopräferenzen widerspiegeln. Für den Vermögensverwalter ist hingegen wichtig, dass die vereinbarte Benchmark mit den realisierbaren Investitionsmöglichkeiten kompatibel ist.[31] Grundsätzlich werden jedoch fünf allgemeine Anforderungen an eine Benchmark gestellt, um die Ergebnisse des Portfoliomanagements sinnvoll mit den Resultaten jener Benchmark vergleichen zu können. Das erste Kriterium bildet dabei die reale Erwerbbarkeit bzw. Abbildbarkeit der Benchmark, d.h. es sollte sich bei der Benchmark um eine real erwerbbare, darstellbare Anlageoption handeln. Dadurch wird sichergestellt, dass die Marktdimension gegeben ist. Die zweite Anforderung bezieht sich auf den kostengünstigen Erwerb der

---

27 Vgl. Steiner/Bruns/Stöckl (2017), S.16-17.
28 Vgl. Franzen/Schäfer (2018), S. 61.
29 Vgl. Albrecht/Maurer (2008), S. 86.
30 Vgl. Franzen/Schäfer (2018), S. 62.
31 Vgl. Günther/Moriabadi/Schulte/Garz (2012), S. 154.

Benchmark. Dies ist in der Regel der Fall, wenn das Volumen des zu managenden Portfolios relativ groß ist, da bei zu kleinen Volumina das Problem besteht, den entsprechenden Index vollständig und vor allem kosteneffizient nachzubilden. Das zweite Merkmal stellt sicher, dass die Option des passiven Managements überhaupt eine sinnvolle Alternative zum aktiven Fondsmanagement darstellt.[32] Des Weiteren sollte die Benchmark sehr gut diversifiziert sein. So wird das Qualitätsniveau der entsprechenden Benchmark und damit auch des Portfoliomanagers gesichert. Ist dieses Kriterium nicht gegeben, kann die Benchmark zu leicht geschlagen werden, d.h. die Performance des Portfolios kann das Risiko-Ertrags-Ergebnis der Benchmark leicht übertreffen. Das vierte Kriterium bezieht sich auf die Bekanntheit und Festlegung der Benchmark, es besagt, dass die Benchmark bekannt sein sollte, bevor eine konkrete Anlageentscheidung getroffen wird. Dadurch wird gewährleistet, dass die Operationalität der Zielfestlegung gesichert ist. Denn ohne die Kenntnis der Benchmark kann keine passende Portfoliomanagementstrategie implementiert werden. Ausschließlich bei genauer Bekanntheit der Benchmark hat der Portfoliomanager die Möglichkeit, die ihm vorgegebene Stoßrichtung einzuhalten. Die fünfte und letzte Anforderung zielt auf die Gleichheit der Restriktionen der Benchmark sowie des Portfolios ab. Dieses Kriterium sorgt dafür, dass die fundamentale Vergleichbarkeit zwischen dem zu managenden Portfolio und der festgelegten Benchmark gegeben ist.[33]

---

[32] Vgl. Bruns/Meyer-Bullerdiek (2013), S. 59.
[33] Vgl. Bruns/Meyer-Bullerdiek (2013), S. 60.

3 Aktives Fondsmanagement

3.1 Einordnung des aktiven Managements

Dem aktiven Wertpapiermanagement liegt die Zielsetzung zugrunde, eine bessere Performance als ein passender Vergleichsmaßstab zu erzielen. Im Kern geht es bei der Verfolgung aktiver Anlagestrategien also darum, eine zuvor festgelegte Benchmark zu schlagen.[34] Dabei wird davon ausgegangen, dass am Markt zumindest temporär ein gewisser Grad der Ineffizienz besteht, z.B. durch eine zeitverzögerte Verarbeitung von Informationen in der Preisbildung, und eben diese Ineffizienz mittels aktiven Managements ausgenutzt werden kann, um eine bessere Wertentwicklung des eingesetzten Vermögens zu erzielen.[35] Das aktive Verwalten eines Portfolios basiert maßgeblich auf der Einbringung subjektiver Annahmen sowie Prognosen und führt im Endergebnis zu einer bewussten Abweichung von der vorab definierten Benchmark-Position.[36] Das Ziel der Outperformance wird meist an der Kennzahl Alpha gemessen, diese gibt dabei auf Basis eines Ein-Faktor- oder Mehr-Faktor-Modells die erzielte, risikoadjustierte, Überrendite an. Die Adjustierung des Risikos ist erforderlich, um zu verhindern, dass die Überrendite durch die Aufnahme übermäßiger oder unerwünschter Risiken erreicht wird.[37] Das Alpha selbst ergibt sich aus der Differenz zwischen der Rendite der aktiven Anlagestrategie und der Rendite der Benchmark.[38] Da der Schlüssel zum Erfolg aktiver Anlagestrategien auf der Fähigkeit basiert, die zukünftige Marktentwicklung dauerhaft verlässlicher zu prognostizieren als der Rest der Marktteilnehmer, lassen sich zwei Tätigkeiten klar voneinander abgrenzen. Der erste und wichtigste Schritt, die Kursvorhersage ist zugleich der schwierigste. Schwierig deshalb, weil es bislang keine Algorithmen bzw. Wissenschaften gibt, mit welcher sich die Kurs- oder Renditeentwicklungen zutreffend prognostizieren lassen.[39] Vorhersagen bezüglich der Kurs- oder Renditeentwicklung sind also mit Untersicherheit behaftet. Wären diese Vorhersagen hingegen treffsicher, so würde sich das Problem der Portfoliobildung gar nicht erst stellen, da Investoren ausschließlich in das rentabelste Wertpapier investierten.

---

[34] Vgl. Mondello (2017), S. 1064.
[35] Vgl. Albrecht/Maurer (2008), S. 88.
[36] Vgl. Günther/Moriabadi/Schulte/Garz (2012), S. 157.
[37] Vgl. Franzen/Schäfer (2018), S. 440.
[38] Vgl. Mondello (2017), S. 1065.
[39] Vgl. Bruns/Meyer-Bullerdiek (2013), S. 175.

Erst nachdem Kursprognosen erstellt worden sind, kann in einem zweiten Schritt die Prognoseverwertung in Form der Portfoliooptimierung erfolgen. Daher sind treffende Kursvorhersagen der Engpass des aktiven Wertpapiermanagements und zugleich wichtigstes Unterscheidungsmerkmal in Bezug auf die passiven Anlagestrategien.[40]

3.2 Anlagestrategien

Da aktives Portfoliomanagement nicht auf dem willkürlichen Kaufen und Verkaufen von Wertpapieren basieren darf, sondern einer Struktur folgten sollte, muss zunächst ein schematischer Ansatz festgelegt werden, nach dem sich das Portfoliomanagement richtet. Mit Anlagestrategie wird also eine Vorgehensweise oder ein Schema bezeichnet, nach dem sich die Portfoliostrukturierung mit der Zeit oder aufgrund neuer Daten anpassen wird. Die Anlagestrategie legt fest, welche Daten zu erheben sind und bei welcher Relation von Daten oder Kennzahlen Änderungen am Portfolio vorgenommen werden. So kann beispielsweise je nach Festlegung der Anlagestrategie die Aktienquote des Portfolios stark variieren oder etwa die Selektion einzelner Titel unterschiedlich ausfallen.[41] Einer der maßgeblichen Aspekte bei Festlegung der Anlagestrategie ist die Frage nach dem Investmenthorizont. Diese wird im Allgemeinen damit beantwortet über welchen Zeitraum hin der Portfoliomanager die treffsichersten Prognosen abgeben kann. Hierbei unterscheiden sich die Fähigkeiten der Portfoliomanager erheblich. Während einige bessere Trefferquoten bei kurzfristigen Prognosen aufweisen, konzentrieren sich andere auf längerfristige Prognosen. Eine grobe Einteilung des Investmenthorizontes lässt sich der Abbildung 6 entnehmen.

---

[40] Vgl. Bruns/Meyer-Bullerdiek (2013), S. 176.
[41] Vgl. Spremann (2008), S. 42.

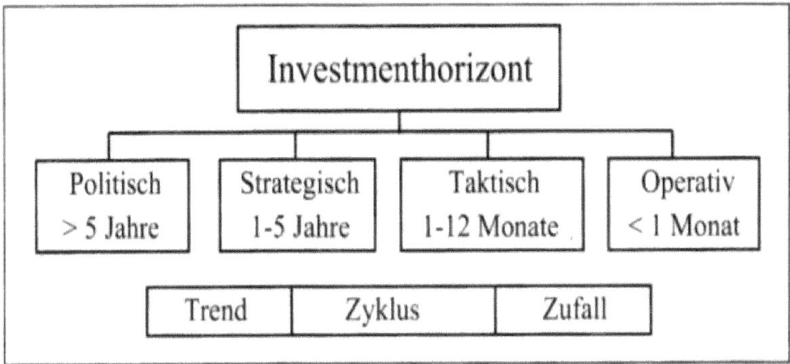

Abbildung 6: Zeitliche Einteilung des Investmenthorizonts
Quelle: Bruns/Meyer-Bullerdiek (2013), S. 205.

Dabei werden zunächst vier zeitliche Einteilungen vorgenommen. Während Wertpapierhändler und vor allem Broker eher am kurzen Ende des Zeitspektrums operieren, sollten sich Portfoliomanager an einem mittel- bis langfristigen Zeithorizont orientieren. Denn Markttrends weisen in aller Regel längere Verläufe auf, so dass ein entsprechender Investmenthorizont erforderlich ist, um einen Trend effektiv nutzen zu können. Dabei spielt die jeweilige Anlagegattung ebenfalls eine entscheidende Rolle. Je nach Länge des Trends können für verschiedene Assetklassen unterschiedliche Investitionshorizonte angebracht sein. Allgemein kann davon ausgegangen werden, dass der Prognosehorizont bei Aktien länger ist als beispielsweise bei Anleihen, da bei Aktienmärkten der Umfang an preisbeeinflussenden Faktoren wesentlich größer ausfällt.[42] Neben der Frage nach dem zeitlichen Horizont der Anlage ist auch die Festlegung der Methodik zur Entscheidungsfindung nicht unwesentlich. Dabei bieten sich zwei Ansätze an: Zum einen der Top-Down-Ansatz, welcher die Portfoliostrukturierung gemäß der Analysereihenfolge vornimmt und dabei von den großen Betrachtungseinheiten wie etwa Assetklassen insgesamt oder Währungen zu den kleinen Betrachtungseinheiten wie Einzeltitel übergeht; zum anderen der Bottom-Up-Ansatz, der über die Einzeltitelanalyse und -selektion zu einer Portfoliostrukturierung kommt.[43] Bei der Verwendung eines reinen Top-Down-Ansatzes werden die Abweichungsmöglichkeiten des Portfoliomanagers auf die wesentlichen Bereiche der Assetklassen-, Länder-, Branchen-

---

[42] Vgl. Bruns/Meyer-Bullerdiek (2013), S. 206.
[43] Vgl. Steiner/Bruns/Stöckl (2017), S.237.

und Währungsselektion beschränkt. Im Rahmen eines reinen Top-Down-Ansatzes werden daher auch ausschließlich Makrowetten eingegangen. Sinnvoll ist ein solches Vorgehen besonders dann, wenn die Ressourcen für die Abdeckung der vielen Einzeltitel nicht vorhanden sind.[44] Im Gegensatz dazu verhält es sich mit dem Bottom-Up-Ansatz, der keine Makrowetten eingeht. Bei dieser Methode wird versucht, innerhalb verschiedener Assetklassen oder etwa Branchen, die besten Einzeltitel ausfindig zu machen. Insofern konzentriert sich der Bottom-Up-Ansatz im Wesentlichen auf titelspezifische Auswahlkriterien, weshalb auch häufig der Begriff der Mikrowetten verwendet wird.[45] Die nachfolgende Abbildung 7 verdeutlicht den unterschiedlichen Fokus und die verschiedenen Selektionsmöglichkeiten der beiden Ansätze.

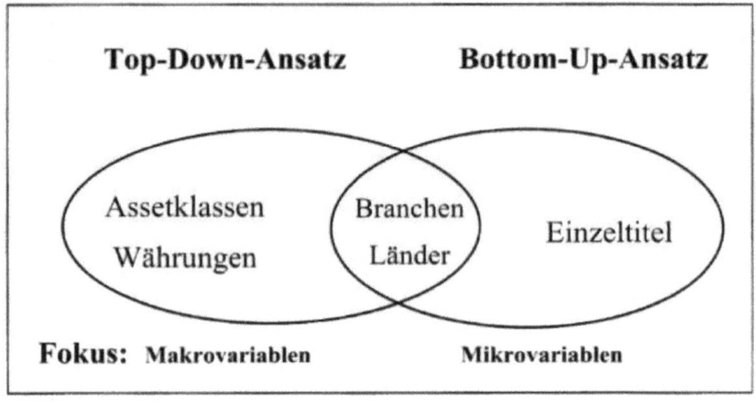

Abbildung 7: Top-Down- und Bottom-Up-Ansatz
Quelle: Bruns/Meyer-Bullerdiek (2013), S. 207.

Nachdem nun die Bedeutung der Anlagestrategie allgemein, sowie die damit verbundenen Fragen des Investmenthorizontes und der Entscheidungsmethodik dargestellt wurden, erfolgt in den nachfolgenden Abschnitten die Vorstellung der im Rahmen des aktiven Portfoliomanagements am häufigsten verwendeten Anlagestrategien.

---

[44] Vgl. Franzen/Schäfer (2018), S. 455.
[45] Vgl. Spremann (2008), S. 15-16.

3.2.1 Market Timing

Bei Verfolgung der Timing-Strategie werden Zeitpunkt des Ein- oder Ausstiegs für Assetklassen festgelegt. Der Timing-Ansatz zielt auf die unterschiedliche Gewichtung der einzelnen Assetklassen bzw. Unterklassen innerhalb des Portfolios ab.[46] Timingentscheidungen eröffnen die Möglichkeit hoher Gewinnpotenziale, da sich mit nahezu jedem liquiden Anlagevehikel bei perfekten Timingentscheidungen große Gewinne erzielen lassen. Allerdings wird diese enorme Chance von dem beträchtlichen Risiko falscher Timingentscheidungen begleitet. Dies liegt mitunter daran, dass eine Risikodiversifikation bei Timingentscheidungen nicht möglich ist.[47] Der Erfolg des Timings hängt davon ab, dass Assetklassen mit einer überdurchschnittlichen Performance frühzeitig erkannt und dann im Portfolio übergewichtet werden.[48] Daher sind bei Investmentstilen, welche sich ausschließlich auf Timingentscheidungen verlassen herausragende Prognosefähigkeiten unabdingbar. Timing-Strategien selbst basieren häufig auf technischen oder quantitativen Modellen, welche sich an einem operativen bis taktischen Investmenthorizont orientieren. Grundsätzlich kann beim Vorhandensein von Prognosefähigkeiten davon ausgegangen werden, dass im Falle steigender Kurse der Anteil am Marktportfolio erhöht und bei sinkenden Kursen der Anteil verringert wird.[49]

3.2.2 Stock Picking

Neben dem Timing gehört auch das Stock Picking zu den populären aktiven Anlagestrategien. Beim Stock Picking werden einzelne Aktien oder Aktiengruppen ausgewählt welche gekauft oder im Portfolio höher gewichtet werden sollen. Nicht ausgewählte Titel oder Gruppen werden bei der Portfoliostrukturierung entweder überhaupt nicht beachtet oder eben untergewichtet.[50] Durch diese zielgerichtete Selektion und Über- oder Untergewichtung einzelner Assets, sollen im Vergleich zur maßgeblichen Benchmarkt höhere Renditen erzielt werden.[51] Bei Auswahl der Titel oder Gruppen wird sich zumeist an dem Kurs-Gewinn-Verhältnis orientiert. Aktien mit einem geringen Kurs-Gewinn-Verhältnis gelten als preiswert wohingegen Aktien mit einem hohen Kurs-Gewinn-Verhältnis als teuer gelten. Erfolgreiches

---

[46] Vgl. Spremann (2008), S. 46.
[47] Vgl. Bruns/Meyer-Bullerdiek (2013), S. 211.
[48] Vgl. Franzen/Schäfer (2018), S. 447.
[49] Vgl. Bruns/Meyer-Bullerdiek (2013), S. 211.
[50] Vgl. Spremann (2008), S. 47.
[51] Vgl. Franzen/Schäfer (2018), S. 447.

Stock Picking erfordert ebenso wie Timing überdurchschnittliche Prognosefähigkeiten hinsichtlich der Kursentwicklungen der ausgewählten Wertpapiere. Um allerdings solche Prognosen überhaupt liefern zu können sind Informations- bzw. Interpretationsvorsprünge gegenüber anderen Anlegern zwingend erforderlich.[52] Während es sich beim Timing um marktübergreifende Entscheidungen handelt, spielt sich die Selektion einzelner Titel innerhalb eines oder weniger homogener Märkte ab. Dabei werden unter Berücksichtigung des Diversifikationsgedankens Einzelwerte ausgewählt, von denen erwartet wird, dass sie in Bezug auf ihre Performance besser abschneiden als der Markt oder Sektor im Ganzen.[53] Aufgrund der Tatsache das es im Rahmen des Stock Pickings möglich ist, eine gewisse Risikodiversifikation vorzunehmen, gilt die Picking-Strategie im Vergleich zum Timing als risikoärmer, da einzelne Fehlentscheidungen in der Wertpapierauswahl mit einer gewissen Wahrscheinlichkeit von anderen Selektionsentscheidungen ausgeglichen werden.[54]

3.2.3 Prozyklisches Investment

Eine weitere Anlagestrategie, welche im Zuge des aktiven Portfoliomanagements häufig verwendet wird, ist das prozyklische Investment. Dabei geht es um die graduelle Anpassung der Aktienquote, je nachdem, ob sich der das Kursniveau positiv oder eben negativ entwickelt. Bei steigenden Kursen wird die Aktienquote erhöht, bei fallenden Kursen wird sie verringert. Anders als beispielsweise bei dem Timing-Ansatz wird die Attraktivität von Aktien nicht anhand der Rendite beurteilt, sondern an den Kursbewegungen der letzten Zeit. Beim prozyklischen Investment versucht der Anleger nicht, neue Trends frühzeitig zu erkennen und darin zu investieren, sondern er orientiert sich vielmehr an bereits bestehenden Trendentwicklungen.[55] Der Ansatz des prozyklischen Investments basiert auf der Annahme, dass die Anlageentscheidungen der breiten Masse vielversprechender sind als die Entscheidungen einzelner Portfoliomanager. Damit steht prozyklisches Investment im direkten Gengensatz zu Timing- oder Picking-Strategien, welche in einem hohen Maße von den Entscheidungen und Prognosen Einzelner abhängen. Prozyklisch orientierte Anleger kaufen im Trend liegende Aktien und versuchen dadurch diese

---

[52] Vgl. Steiner/Bruns/Stöckl (2017), S.317.

[53] Vgl. Günther/Moriabadi/Schulte/Garz (2012), S. 215.

[54] Vgl. Bruns/Meyer-Bullerdiek (2013), S. 211.

[55] Vgl. Spremann (2008), S. 47-48.

Trendentwicklung noch weiter zu verstärken. Sobald die Kurse wieder fallen und der Trend sich nach unten umkehrt, werden die Wertpapiere wieder veräußert. Ein solcher Investmentstil gilt im Vergleich zum Timing oder Picking als relativ sicher, da die Chancen weiterer positiver Trendentwicklungen behalten werden und zugleich die Risiken negativer Trendentwicklungen abgesichert sind. Allerdings wird der Schutz des Portfolios unter Beibehaltung der Chancen mit einem Rückgang der erwarteten Rendite bezahlt.[56]

3.3 Analysemethoden

Die Bewertung von Aktien bzw. Aktienmärkten stellt im Rahmen des Portfoliomanagements einen entscheidenden Vorgang dar. Ziel der Wertpapieranalyse ist es, die Anlagechancen und Risiken einzelner Wertpapiere, Marktsegmente oder Märkte auf der Basis aller verfügbaren Informationen und vor dem Hintergrund der vergangenen Entwicklungen, sowohl isoliert, als auch im Gesamtzusammenhang zu beurteilen und für einen vorgegebenen Investmenthorizont in der Zukunft zu prognostizieren. Dabei kann prinzipiell zwischen zwei verschiedenen Grundstrategien der Aktienanalyse unterschieden werden. Zum einen die Fundamentalanalyse, welche auf die Bestimmung eines „fairen Aktienwertes" abzielt und zum anderen die technische Analyse, welche sich auf die marktorientierte Bewertung stützt und ausschließlich Kurs- sowie Umsatzentwicklungen berücksichtigt.[57] Diese beiden grundlegend verschiedenen Analyseansätze werden im Folgenden näher beschrieben.

3.3.1 Fundamentalanalyse

Unter den verschiedenen Konzeptionen der Aktienanalyse stellt die Fundamentalanalyse die am weitesten verbreitete dar. Die Basishypothese der fundamentalen Aktienanalyse basiert auf der Annahme, dass jede Aktie einen inneren Wert besitzt und der an der Börse abgebildete Kurs um diesen inneren Wert herum schwankt. Das Ziel der Fundamentalanalyse ist die Ermittlung dieses inneren Wertes.[58] Zur Ermittlung des inneren Aktienwertes wird auf das in der Investitions- und Finanztheorie hinlänglich bekannte Konzept des Barwertes zurückgegriffen. Der Barwert, welcher häufig auch als Present Value bezeichnet wird, stellt die

---

[56] Vgl. Spremann (2013), S. 278.
[57] Vgl. Priermeier (2006), S. 8.
[58] Vgl. Bruns/Meyer-Bullerdiek (2013), S. 243.

Summe aller auf den Betrachtungszeitpunkt diskontierten zukünftigen Zahlungen dar, welche mit der Aktienanlage verbunden sind.[59] Mit Hilfe des Barwertes kann ermittelt werden, ob bei einer Aktie, im Vergleich zu ihrem Börsenkurs, eine Über- oder Unterbewertung vorliegt. Sollte der Börsenkurs einer Aktie unter ihrem inneren Wert liegen, so gilt sie als unterbewertet und sollte gekauft werden. Liegt der Börsenkurs hingegen über dem inneren Wert, so wird von einer Überbewertung der Aktie gesprochen, in diesem Fall wird der Verkauf der Aktie empfohlen.[60] Die Fundamentalanalyse bezieht bei der Ermittlung des inneren Wertes von Aktien alle als relevant angesehenen Daten mit ein. Aus diesem Grund umfasst der Analyserahmen auch die Betrachtung der gesamtwirtschaftlichen-, branchen- und länderspezifischen Lage, welche für die konkrete Beurteilung einer einzelnen Aktie Bedeutung haben kann.[61] Entsprechend lässt sich die Fundamentalanalyse in drei Bereiche unterteilen. Das erste Teilsegment bildet die Globalanalyse, im Vordergrund steht die Betrachtung volkswirtschaftlicher Gesamtgrößen wie etwa Konjunkturverlauf, Zinsentwicklung, Wechselkursverlauf oder allgemeines Preisniveau. Zweites Teilsegment bildet die Branchenanalyse, im Mittelpunkt hier steht die Begutachtung der wirtschaftlichen Perspektive einzelner an der Börse vertretenen Branchen. Dazu werden Faktoren wie Auftragseingänge, Branchenklima oder Markteintrittsbarrieren analysiert. Dabei kann die Branchenanalyse sowohl national als auch international durchgeführt werden. Entscheidend ist dabei, wie stark der Aktienkurs von nationalen oder internationalen Marktfaktoren beeinflusst wird. Falls der Kurs einer Wirtschaftsbranche stärker auf internationale Veränderungen reagiert als auf Bewegungen der nationalen Märkte, empfiehlt sich eine umfassendere, also international orientierte, Branchenanalyse. Drittes und letztes Teilsegment der Fundamentalanalyse ist die Unternehmensanalyse. Dabei stehen die einzelnen Unternehmen innerhalb einer Branche im Fokus, beurteilt werden Faktoren wie beispielsweise Managementqualität, Konkurrenzsituation, Strategieausrichtung oder Liquiditätslage. Die Fundamentalanalyse orientiert sich grundsätzlich an dem Top-Down-Ansatz, das bedeutet, es wird sukzessiv von der höheren zur niedrigeren Betrachtungsebene übergegangen, wobei der Detailierungsgrad stetig zunimmt.[62] Dieses Vorgehen wird unter anderem damit begründet, dass der

---

[59] Vgl. Steiner/Bruns/Stöckl (2017), S. 236.
[60] Vgl. Heese/Riedel (2016), S. 89-90.
[61] Vgl. Bruns/Meyer-Bullerdiek (2013), S. 245.
[62] Vgl. Mondello (2015), S. 19-20.

Gesamtmarkt für eine einzelne am Markt zugehörige Aktie bedeutsamer ist als die Entwicklung einer einzelnen Aktie für den Gesamtmarkt.[63]

3.3.2 Technische Analyse

Anders als bei der Fundamentalanalyse steht bei der technischen Analyse die Kurs- und Umsatzentwicklung an der Börse im Mittelpunkt. Dabei wird angenommen, dass sowohl der Kursverlauf als auch der Umsatz das wahre Verhältnis der Marktkräfte an der Börse reflektieren. Ziel der technischen Analyse ist die rechtzeitige Erkennung von Aktienverlaufsmustern, von denen erwartet wird, dass sie sich in der Zukunft wiederholen.[64] Mittels der technischen Analyse sollen Trendveränderungen bei den Aktienkursen rechtzeitig erkannt bzw. prognostiziert werden, wobei auf die vergangenen Entwicklungen der Kurse zurückgegriffen wird. Dementsprechend kann die technische Analyse auch kurzfristige Marktphasen analysieren und wird daher oftmals als Signalgeber für kurzzeitige Engagements an den Aktienmärkten herangezogen.[65] Analysegegenstand bilden Kursbilder oder Grafiken der Vergangenheit, welche im Wesentlichen den Kursverlauf eines Wertpapiers für einen ausgewählten Zeitabschnitt darstellen. Diese Bilder oder Grafiken werden im Zusammenhang mit der technischen Analyse auch als Charts bezeichnet. Zu den gängigsten Chartformen zählen Linien-, Balken- sowie Point & Figure-Charts. Ihren eigentlichen Ursprung findet die technische Analyse in der nach dem Begründer des Wall Street Journals benannten Dow-Theorie. Charles H. Dow veranschaulichte durch die Konstruktion von Aktienindizes die wirtschaftliche Gesamtentwicklung. Anhand des von ihm und Edward C. Jones entwickelten Dow-Jones-Index erkannte er wiederkehrende Kursbewegungen. Diese wiederkehrenden und sich überlagernden Kursbewegungen werden als Trends bezeichnet und können gemäß der Dow-Theorie drei Ausprägungen annehmen. Dabei bildet der primäre Trend die erste Ausprägung, er beschreibt die längerfristige Preisentwicklung in einem Zeitraum von mehreren Monaten oder Jahren. Dem folgt der sekundäre Trend, welcher die mittelfristige Preisentwicklung in einem Zeitraum von wenigen Wochen bis zu mehreren Monaten als Abweichung vom primären Trend beschreibt. Letzte Ausprägung bildet der tertiäre Trend, er beschreibt kurzfriste Fluktuationen der Preise

---

[63] Vgl. Steiner/Bruns/Stöckl (2017), S. 237.

[64] Vgl. Bruns/Meyer-Bullerdiek (2013), S. 247.

[65] Vgl. Priermeier (2006), S. 10.

in einem Zeitspektrum von Tagen oder Wochen.[66] Obwohl die klassische Dow-Theorie die Gesamtentwicklung im Visier hat, ist eine Übertragung auf die Kursverläufe einzelner Aktien dennoch leicht möglich. Um anhand der Dow-Theorie Anlageentscheidungen treffen zu können muss allerdings die Prämisse von sich im Zeitverlauf wiederholenden Kursverläufen erfüllt sein. Allerdings ist damit auch die Gefahr verbunden, signifikante Gewinne zu verpassen, weil die bestätigenden Signale einer Trendumkehr spät in einem Börsenzyklus liegen können. Wissenschaftlich ist die technische Analyse sehr umstritten, da nicht nachzuweisen ist, dass die Anwendung der technischen Analyse zu dauerhaften Überrenditen führt. Außerdem wird häufig kritisiert, dass zukünftige Kurse ausschließlich aus den Kursen der Vergangenheit zu erklären sind. Da sich aber dennoch viele Marktteilnehmer der technischen Analyse bedienen, kommt es zu Situationen, in denen sich die prognostizierten Entwicklungen bewahrheiten.[67]

3.4 Vor- und Nachteile des aktiven Fondsmanagements

Nach der Einordnung des aktiven Fondsmanagements sowie der Darstellung der in der Praxis am häufigsten angewendeten Anlagestrategien und Analysemethoden erfolgt, eine abschließende Gegenüberstellung der wesentlichen Vor- und Nachteile dieses Managementstils.

Vorteile: Das am häufigsten aufgeführte Argument für ein aktives Fondsmanagement ist, dass die Möglichkeit besteht, durch vielversprechende Investments eine Outperformance gegenüber dem jeweiligen Referenzindex zu erzielen. So können durch eine entsprechende Über- oder Untergewichtung einzelner Wertpapiere signifikant positive Gewinne erwirtschaftet werden. Aber auch bei sich bereits gut entwickelnden Märkten bietet sich durch aktives Fondsmanagement noch die Möglichkeit, den Anlageerfolg weiter zu erhöhen, so können Fondsmanager im Rahmen ihrer Anlagebeschränkungen Hebelprodukte einsetzen und so die bereits positive Entwicklung noch besser nutzen.[68] Ein weiterer Vorteil aktiv gemanagter Fonds besteht darin, dass auf bestimmte Marktentwicklungen gezielt reagiert werden kann. Besonders in sich seitwärts oder gar abwärts entwickelnden Märkten stellt, die Möglichkeit, die Ausrichtung des Portfolios aktiv zu beeinflussen, einen enormen Vorteil dar. So können Portfoliomanager in sich anbahnenden Marktturbulenzen

---

[66]   Vgl. Franzen/Schäfer (2018), S. 472.

[67]   Vgl. Steiner/Bruns/Stöckl (2017), S. 300.

[68]   Vgl. Reents (2011), Onlinequelle.

eine Umstrukturierung des Portfolios vornehmen und etwa Kapital von risikoreicheren Anlagen abziehen und in vergleichsweise sicheren Anlagen wie z.B. bestimmte Staats- oder Unternehmensanleihen anlegen.[69] Voraussetzung dafür ist allerdings, dass der Manager die Entwicklungen bereits frühzeitig erkennt und daraufhin entsprechende Maßnahmen treffen kann. Hier zeigt sich erneut, wie abhängig der Erfolg des aktiven Fondsmanagements von den Fähigkeiten und Prognosen des Fondsmanagers ist.[70] Ein weiterer Punkt, der für aktiv verwaltete Fonds spricht, ist die Liquiditätssicherheit. Fonds im Allgemeinen beziehen ihre Liquidität aus zwei Quellen. Zum einen aus dem Marktwert des Fonds selbst, positive Entwicklungen lassen den Wert der Fondsanteile steigen und diese können leicht gekauft und verkauft werden, zum anderen beziehen Fonds ihre Liquidität auch aus den zugrundeliegenden Vermögenswerten. Lassen sich die zugrundeliegenden Vermögenswerte problemlos und vor allem schnell verkaufen, spricht dies auch für eine sichere Liquiditätslage des Fonds. Aber gerade in Abwärtsbewegungen am Markt kann die Liquidität, vor allem bei Fonds, welche ihre Ausrichtung strikt am jeweiligen Index orientieren in, Gefahr geraten. Kommt es im Zuge der Abwärtsbewegung zu größeren Verkäufen der Fondsanteile, müssen passive Fonds, um Liquidität bereitzustellen, alle Wertpapiere gleichermaßen verkaufen – auch wenn das bedeutet, dass manche Papiere nur mit Preisabschlägen veräußert werden können. Manager aktiver Fonds hingegen können in solchen Phasen an liquiden Wertpapieren festhalten und die Liquidität durch den Verkauf anderer Wertpapiere sicherstellen. Zudem besitzen aktive Fonds in der Regel Barreserven, welche nicht investiert werden, gelten diese Reserven in Zeiten positiver Marktentwicklungen als ungenutztes Kapital, zeigt sich gerade in der Krise, welchen entscheidenden Faktor sie zur Liquiditätssicherung beitragen. Passive Fonds sind in einer überwiegenden Anzahl der Fälle voll investiert, d.h. das komplette Vermögen steckt in dem Fonds, Barreserven zur Liquiditätsüberbrückung besitzen sie daher nicht.[71]

Nachteile: Größter Nachteil der aktiv gemanagten Fonds stellen wohl die Kosten dar. Durch das aktive Verwalten der Fonds, sowie die Über- oder Untergewichtung einzelner Wertpapiere bzw. Wertpapiergruppen, kommt es im Vergleich mit passiven Fonds zu einer hohen Handelsaktivität, welche wiederrum mit höheren Transaktionskosten verbunden ist. Zudem Verlangen Fondsmanager oder Verwaltungs-

---

[69]   Vgl. Bröning (2019), S. 76-77.
[70]   Vgl. Bruns/Meyer-Bullerdiek (2013), S. 175.
[71]   Vgl. Klein/Ölger/Wetzel (2018), Onlinequelle.

gesellschaften, über die üblichen Verwaltungsgebühren hinaus, oft noch eine Beteiligung an dem erzielten Anlageerfolg, nicht selten beträgt dieser Beteiligungsanteil drei bis fünf Prozent des erwirtschafteten Gewinns. So kommt es in der Praxis nicht selten vor, dass es Fondsmanagern zwar gelingt, einen Mehrwert in Form einer höheren Bruttoperformance zu erzielen, aber nach Abzug aller Kosten, die Nettoperformance unterhalb der Performance der Benchmark liegt. Ein weiterer Punkt, der gegen das aktive Managen von Fonds spricht, ist, dass der Erfolg in einem hohen Maße von den Fähigkeiten und Prognosen des Fondsmanagers abhängt. Die Fondsmanager versuchen unter Annahme ineffizienter Märkte, Wertpapiere mit vielversprechenden Erfolgsaussichten ausfindig zu machen und diese zu nutzen, um Überrenditen zu erzielen. Es besteht zwar die Möglichkeit hohe Gewinne zu erwirtschaften doch sind die Auswirkungen im Falle falscher Einschätzung durch das Management ungleich höher, da sich aktive Fonds in der Regel auf einen kleineren Kreis ausgewählter Wertpapiere konzentrieren. Dadurch kann der Effekt der Risikodiversifikation entweder nicht oder nur in einem geringen Maße zum Tragen kommen. Durch die Fokussierung auf einige wenige Aktien stehen im Fall von Verlusten keine Wertpapiere zur Verfügung, um eben diese Verluste zu kompensieren. Aus diesem Grund wird das aktive Fondsmanagement allgemein auch als risikoreicher angesehen.[72]

---

[72] Vgl. Bruns/Meyer-Bullerdiek (2013), S. 175.

4 Passives Fondsmanagement

4.1 Einordnung des passiven Managements

Das passive Wertpapiermanagement zeichnet aus, dass geeignete Kapitalmarktindizes oder Wertpapierportfolios nachgebildet werden. Anders als bei den aktiven Anlagestrategien basiert das passive Management auf der Überzeugung, dass die Kapitalmärkte effizient sind.[73] Der Versuch Überrenditen mit Hilfe von aktivem Portfoliomanagement zu erzielen ist regelmäßig mit Transaktionskosten verbunden. Bei Zutreffen der Annahme hinreichend effizienter Märkte stellt sich die Verauslagung von unnötigen Transaktionskosten durch Umschichtungen im Portfolio als Ressourcenverschwendung dar. Dementsprechend zielen passive Anlagestrategien darauf ab, mit einer geringen Handelsaktivität eine vorgegebene Benchmark möglichst exakt und kostengünstig nachzubilden. Die Benchmark selbst ist dabei zumeist ein breiter Index oder ein Portfolio aus verschiedenen Indizes.[74] Im Rahmen des passiven Portfoliomanagements wird das anfangs einmal zusammengestellte Portfolio in seiner Form gehalten und nur periodisch zur Wiederherstellung der ursprünglichen Portfoliostruktur angepasst. Dieses sogenannte Rebalancing ist ein strikt regelbasierter Vorgang zu im Vorfeld festgelegten Zeitpunkten. In der praktischen Umsetzung erschöpft sich das passive Wertpapiermanagement in der weitgehenden Nachbildung der vom Anleger ausgewählten Benchmark. Wählt ein Investor beispielsweise den DAX als persönliche Benchmark, so ist die Performance des DAX auch die Zielmarke für das Anlegerportfolio. Die Nachbildung eines Index, auch Tracking genannt erfolgt mittels eines Indexportfolios, wobei es sich in den meisten Fällen um Exchange Traded Funds (ETFs), d.h. börsengehandelte Indexfonds, handelt.[75] Trotz der zuvor beschriebenen, fundamentalen Unterschiede – besonders in Hinblick auf die Informationseffizienz – bedingen sich aktiver und passiver Investmentstil einander. Die Existenz passiver Anlagestrategien hängt davon ab, dass es aktive Investoren gibt, denn die Indizes, welche den passiven Strategien zugrunde liegen, repräsentieren Märkte, welche erst durch Investoren geschaffen wurden, indem diese Informationen über Unternehmen oder Assets beschafft und ausgewertet haben. Auf Basis dieser Informationen tätigen

---

[73]   Vgl. Steiner/Bruns/Stöckl (2017), S. 320.
[74]   Vgl. Albrecht/Maurer (2008), S. 88.
[75]   Vgl. Müller/Pester (2019), S. 230.

Markteilnehmer Käufe und Verkäufe, was die Preisbildung überhaupt erst ermöglicht, und Grundlage für die Indexberechnung ist.[76]

4.2 Index Tracking

Wie bereits dargelegt, hat sich in der Praxis des passiven Portfoliomanagements das Index Tracking als wichtigste Erscheinungsform erwiesen. Ausschlaggebend dürfte hierfür die Tatsache sein, dass Benchmarks in aller Regel mit Hilfe von Indizes formuliert werden.[77] Das Index Tracking selbst bezeichnet ein Verfahren, mit dem ein vorgegebener Index möglichst effektiv nachgebildet wird. Durch diese Replikation soll eine Performance erreicht werden, die bezüglich aller Anlagekriterien, besonders aber im Hinblick auf die Rendite und das Risiko weitestgehend der des Indexes entspricht.[78] Dabei wird davon ausgegangen, dass es sich bei dem ausgewählten Index um ein geeignetes Marktportfolio-Surrogat und damit um ein weitgehend effizientes Portfolio handelt.[79] Zur Umsetzung von Index-Tracking-Strategien stehen am Markt verschiedene Instrumente zur Verfügung. Insbesondere ETFs sind wegen ihrer vergleichsweisen geringen Kosten und hohen Liquidität zum populärsten Instrument geworden. Dazu dürften besonders die Fortschritte in der Informationstechnologie und Datenverarbeitung geführt haben, da sich solche Fonds mit geringem administrativem Aufwand verwalten lassen. Eine weitere beliebte Assetklasse zur Umsetzung von Index-Tracking-Strategien sind neben ETFs Indexzertifikate. Dabei handelt es sich um einfache Schuldtitel, die zumeist von Kreditinstituten emittiert werden. Der Wert eines solchen Zertifikats orientiert sich am zugrunde liegenden Index, zumeist mit einem bestimmten Bezugsverhältnis. Ein Bezugsverhältnis von 100:1 bedeutet beispielsweise, dass eine Veränderung von einem Punkt im Index zu einer Veränderung von 0,01 Prozentpunkten beim Wert des Zertifikats führt. Indexzertifikate werden genau wie ETFs an der Börse gehandelt, allerdings fallen bei ihnen, anders als bei ETFs, keine laufenden Verwaltungsgebühren an. Von großer Bedeutung ist neben der Instrumenten- auch die Indexauswahl. Dabei erfolgt die Auswahl des geeigneten Index auf Basis der vorgegebenen Anlageziele und Nebenbedingungen. Insbesondere sind bei der Wahl des Index Vorgaben wie Assetklassen, Währungen oder Länder bzw.

---

[76] Vgl. Franzen/Schäfer (2018), S. 425.

[77] Vgl. Günther/Moriabadi/Schulte/Garz (2012), S. 160.

[78] Vgl. Franzen/Schäfer (2018), S. 426.

[79] Vgl. Günther/Moriabadi/Schulte/Garz (2012), S. 161.

Regionen zu berücksichtigen. Außerdem gelten die vollständige Transparenz über die Zusammensetzung des Index sowie die angewandte Methodologie der Indexberechnung als notwendige Voraussetzung für die Replikation. Ein allgemeines Problem, welches im Zusammenhang mit der Verfolgung von Index-Tracking-Strategien besteht, ist, dass es sich bei Indizes um Konstrukte handelt, welche im Regelfall weder Transaktionskosten noch Steuern berücksichtigen. Durch die Nachbildung mit realen Assets entstehen allerdings solche Kosten, die netto zu einer schlechteren Performance führen als der Index. Hinzu kommen steuerliche Belastungen, die sich insbesondere dann negativ auswirken, wenn es sich um einen Index handelt, bei dem Ausschüttungen reinvestiert werden, sprich bei gewinnthesaurierenden Indizes.[80] Um diesem Problem entgegen zu wirken, wurden verschiedene Verfahren der Indexreplikation entwickelt.

4.3 Replikationsmethoden

Die verschiedenen, hier dargestellten Methoden zur Indexreplikation, versuchen einen Ausgleich zwischen der möglichst genauen Nachbildung des Index und den mit der Replikation verbundenen Kosten herzustellen. Dabei lassen sich grundsätzlich drei verschiedene Ansätze der Indexreplikation unterscheiden: Die vollständige, die sampling-basierte und die synthetische Replikation.[81] Bei den beiden letzten genannten Methoden handelt es sich um Näherungsverfahren mit denen ein Marktindex mit einer beschränkten Anzahl von Titeln „möglichst gut" nachgebildet werden soll. Dabei gilt im Allgemeinen, je mehr Titel für die Nachbildung verwendet werden, desto besser ist das Tracking, also der Gleichlauf mit dem Index. Die Qualität dieses Gleichlaufs bzw. die Abweichung von dem Index wird durch den sogenannten Tracking Error dargestellt. Der Tracking Error gibt die Standardabweichung der Differenzen der Periodenrendite von Index und Portfolio an. Zum Beispiel bedeutet ein ex-ante berechneter Tracking Error von 2 % bei Annahme einer normalverteilten Rendite, dass die Wertentwicklung des Portfolios mit einer Wahrscheinlichkeit von zwei Drittel im Bereich von +/- 2 % relativ zum Index liegen wird. Bei Verwendung von Indizes, welche mittels der sampling-basierten oder synthetischen Replikationsmethode nachgebildet werden, besteht das Ziel darin, den Tracking Error möglichst gering zu halten. Dies lässt sich auf zweierlei Wegen erreichen, einerseits kann versucht werden, den Tracking Error bei einer

---

[80] Vgl. Franzen/Schäfer (2018), S. 426.
[81] Vgl. Franzen/Schäfer (2018), S. 427.

vorgegebenen Anzahl von Einzelwerten zu minimieren, oder andererseits wird versucht, einen vorgegebenen Maximal-Tracking-Error mit möglichst wenigen Einzelwerten zu erreichen. [82]

4.3.1 Vollständige Replikation

Bei der vollständigen Replikation, oft auch als direkte Replikation bezeichnet, wird ein Index ausnahmslos nachgebildet, d.h. die Zusammensetzung des Portfolios entspricht exakt der Indexzusammensetzung. Der Vorteil dieser Methode liegt darin, dass die Bruttoperformance des Portfolios mit der Indexperformance übereinstimmt.[83] Allerdings muss das Portfolio im Falle von Indexänderungen angepasst werden. Gründe für eine solche Anpassung können beispielsweise Veränderungen in der Zusammensetzung des Index sein. Kommen etwa neue Titel in den Index dazu oder fallen bestehende Titel aus dem Index heraus, bedarf es einer Anpassung des Portfolios. Ein bekanntes Beispiel aus jüngerer Zeit liefert hier die Commerzbank, die im September 2018 aus dem DAX fiel und Platz für den Finanzdienstleister Wirecard schaffen musste.[84] Durch derartige Anpassungen entstehen hohe Transaktionskosten, welche zu Abweichungen zwischen der Nettoperformance des Portfolios und der des Indexes führen. Zum Ausgleich dieser Kosten wird in der Praxis häufig auf performanceerhöhende Maßnahmen wie etwa die Wertpapierleihe zurückgegriffen.[85] Dabei werden Wertpapiere an andere Anleger gegen Vergütung verliehen, diese zusätzlichen Einnahmen wiederrum dienen dem Ausgleich der Transaktionskosten, wobei solche Maßnahmen immer unter Berücksichtigung des Kontrahentenrisikos getroffen werden müssen. Denn bei der Verleihung von Wertpapieren besteht die Gefahr, dass der Schuldner die ausgeliehenen Wertpapiere nicht zurückgeben kann oder will. Zur Risikobegrenzung wird bei der Wertpapierleihe allerdings häufig verlangt, dass entsprechende Sicherheiten gestellt werden, die in der Regel den Wert der verliehenen Papiere übersteigen.[86]

4.3.2 Sampling Methode

Um die mit der vollständigen Nachbildung vergleichsweise hohen Kosten zu vermeiden, erfolgt die Replikation des Index bei der Sampling Methode durch eine

---

[82] Vgl. Günther/Moriabadi/Schulte/Garz (2012), S. 161.

[83] Vgl. Franzen/Schäfer (2018), S. 427.

[84] Vgl. Isarvest GmbH (o.J.), Onlinequelle.

[85] Vgl. Günther/Moriabadi/Schulte/Garz (2012), S. 162.

[86] Vgl. Isarvest GmbH (o.J.), Onlinequelle.

gezielte Auswahl einiger im Index enthaltenen Titel. Dabei werden nur diejenigen Titel aus dem Index tatsächlich physisch erworben und in das Portfolio aufgenommen, welche den größten Einfluss auf den Index insgesamt haben.[87] Ein adäquates Beispiel aus der Praxis für die Indexreplikation mittels der Sampling Methode wäre der iShares MSCI World ETF. Diesem ETF liegt der aus 1652 Einzeltiteln bestehende MSCI World Index als Benchmark zugrunde, doch anders als sein Referenzindex enthält der iShares ETF nur 1627 Titel. Die fehlenden Werte werden aufgrund ihrer geringen Anteile nicht berücksichtigt, da Preisänderungen dieser Werte praktisch keinen signifikanten Einfluss auf die Preisentwicklung des Indexes insgesamt haben. Durch diesen Ausschluss von Titeln mit geringer Relevanz für den Index insgesamt lassen sich Transaktionskosten einsparen.[88] Anders als bei der vollständigen Replikation kommt es bei der Sampling Methode jedoch zu einer Performanceabweichung zwischen dem nachgebildeten Portfolio und dem Index. Diese durch den Tracking Error ausgedrückte Abweichung gilt es im Rahmen des Sampling-Ansatzes möglichst gering zu halten, da sonst die Gefahr besteht, dass das nachgebildete Portfolio den Bezug zu seinem Referenzindex verliert.[89]

4.3.3 Synthetische Replikation

Alternativ zur physischen Nachbildung durch vollständige oder sampling-basierte Indexreplikation besteht auch die Möglichkeit der synthetischen Nachbildung. Dabei wird die Performance eines Index durch derivative Finanzinstrumente wie etwa Swaps oder anderen Schuldtiteln nachgebildet.[90] Unter einem Swap versteht man im Allgemeinen eine Vereinbarung zwischen zwei Vertragsparteien, in der Zukunft Zahlungsströme auszutauschen. Bei einem swap-basierten Wertpapierfonds etwa wird die Performance der im Fonds enthaltenen Wertpapiere, also des jeweiligen Wertpapierkorbes gegen die Wertentwicklung des Referenzindex getauscht. Dabei verpflichtet sich der Swap-Partner die Performance des Index für den Wertpapierfonds zu liefern. Eine derartig gestaltete Tauschvereinbarung wird auch Total Return Swap genannt.[91] Das Swapgeschäft kann dabei grundsätzlich zwei verschiedene Ausgänge haben: Entweder schuldet der Fonds dem Swap-Partner eine Zahlung in Höhe der Differenz aus Wertzuwachs des Wertpapierportfolios und der

---

[87] Vgl. Everling/Kirchhoff (2011), S. 30.

[88] Vgl. Isarvest GmbH (o.J.), Onlinequelle.

[89] Vgl. Franzen/Schäfer (2018), S. 427

[90] Vgl. Everling/Kirchhoff (2011), S. 30.

[91] Vgl. Vollkommer (2019), Onlinequelle.

Indexentwicklung oder der Fonds hat einen Zahlungsanspruch gegenüber dem Swap-Partner, falls eine Wertminderung des Portfolios vorliegt. In beiden Fällen enthält der Investor die Performance des Referenzindex, unabhängig von der Entwicklung des tatsächlich im Wertpapierfonds gehaltenen Aktienkorbes. Als Hauptargument für die synthetische Replikation werden die im Vergleich zur physischen Indexnachbildung sehr geringen Transaktionskosten genannt. Allerdings steht diesem Kostenvorteil die Gefahr gegenüber, den Bezug zum Index zu verlieren, da bei swap-basierten Wertpapierfonds nicht notwendigerweise die Originaltitel des zugrunde liegenden Vergleichsindex gekauft werden müssen. Außerdem besteht bei Swapgeschäften ein weitaus größeres Kontrahentenrisiko als etwa bei den performanceerhöhenden Maßnahmen, welche im Zusammenhang mit der vollständigen Indexreplikation häufig durchgeführt werden. Zwar ist dieses Risiko bei Swapgeschäften per Gesetz auf maximal 10 % des gesamten Fondsvermögens begrenzt und die Swaps werden meist zusätzlich besichert, aber dennoch besteht die Möglichkeit des Ausfalls an mehreren Stellen. Selbst wenn der Swap-Partner seinen Verpflichtungen nachkommt, besteht immer noch die Gefahr, dass ein Titel aus dem Referenzindex, welcher die Performance liefern soll, ausfällt und so Vermögen verloren geht.[92] In der Praxis ist zu beobachten, dass die Zahl der Portfolios, welche einen Index auf synthetische Weise nachbilden, rückläufig ist. Gründe hierfür sind zum einen, dass die physische Indexreplikation von den Anlegern leichter nachzuvollziehen ist, da bei swap-basierten Replikaten theoretisch Wertpapiere weltweit gekauft werden können, die keinen direkten Bezug zu dem jeweiligen Index haben, zum anderen boten synthetisch replizierte Fonds vor 2018 gewisse steuerliche Vorteile. Im Zuge der Investmentsteuerreform ist dieser Vorteil inzwischen allerdings entfallen.[93]

4.4 Core-Satellite-Ansatz als Kombination aus aktivem und passivem Management

In der Praxis bedienen sich institutionelle Vermögensverwalter, aber auch Privatinvestoren, häufig an Elementen des aktiven als auch des passiven Portfoliomanagements. Eine Kombination dieser beiden doch sehr verschiedenen Managementstile stellt der Core-Satellite-Ansatz dar. Dabei soll eine klare Trennung zwischen

---

[92] Vgl. Everling/Kirchhoff (2011), S. 51-54.
[93] Vgl. Vollkommer (2019), Onlinequelle.

dem aktiven und dem passiven Teil des Portfolios erreicht werden.[94] Das gesamte Portfoliovermögen wird dabei in ein Kernportfolio („Core") und in ein oder mehrere Satelliteninvestments („Satellite") unterteilt. Das Kernportfolio, welches den Großteil des zu investierenden Kapitals umfasst, wird dabei in breit diversifizierte Anlageinstrumente angelegt, die einen Index nachbilden. Das Kernportfolio wird somit passiv bzw. annähernd passiv gemanagt, so dass die Rendite des Marktes zu relativ geringen Kosten erwirtschaftet werden kann. Als Kernkomponenten kommen beispielsweise ETFs oder auch entsprechende Zertifikate infrage, welche sich an breiten Marktindizes wie etwa dem DAX oder dem MSCI Europe orientieren. Letztendlich weicht das Portfolio im Wesentlichen aufgrund der sog. Satellites von dem Vergleichsindex ab. Die Satelliten stellen dabei den deutlich kleineren Teil des Portfolios dar – werden allerdings aktiv gemanagt. Insofern eröffnen sich im Rahmen des Portfoliomanagements Spielräume für Strategien, mit denen es möglich ist, über den Kernbereich des Portfolios hinaus zusätzliche Renditen zu erzielen.[95] Die Auswahl der Satelliten hat somit zwei Ziele: Zum einen sollen die Satelliten die Performance des Gesamtportfolios verbessern und zum anderen überdurchschnittliche Renditebeiträge (die mittels Alpha ausgedrückt werden) erzielen. Als Assetklassen bieten sich Anlagen in Schwellenländern, hochverzinsliche Anleihen oder auch Rohstoffe an.[96] Allerdings ist zu beachten, dass die Satellitenanlagen auch zu einer Reduzierung der Gesamtperformance führen können, da im Satellitenbereich häufig auf sog. Zukunftsthemen gesetzt wird, die oftmals vielschichtig und in ihrem zeitlichen und technologischen Anlauf nicht gut erfassbar sind. Darüber hinaus können die Renditebeiträge der Satelliteninvestments aufgrund ihrer höheren Risiken auch negativ ausfallen. Aus diesem Grund ist es besonders wichtig, ein Anfangsverhältnis festzulegen, in dem das Kernportfolio und die Satelliten zueinanderstehen sollen. Damit wird versucht, zu verhindern, dass das Portfolio zu stark in Richtung Satellitenanlagen abgleitet, da ein abnehmender Einfluss des Kernportfolios zu einer deutlich volatileren und schlechteren Performance bei steigenden Kosten führen kann. Eine entsprechende Disziplin in der praktischen Einhaltung des Verhältnisses zwischen Kernportfolio und Satelliteninvestments ist daher unabdingbar.[97]

---

94 Vgl. Bruns/Meyer-Bullerdiek (2013), S. 192.

95 Vgl. Everling/Kirchhoff (2011), S. 286-287.

96 Vgl. Franzen/Schäfer (2018), S. 420.

97 Vgl. Bruns/Meyer-Bullerdiek (2013), S. 193.

4.5 Vor- und Nachteile des passiven Fondsmanagements

Nach Einordnung des passiven Fondsmanagements sowie der Darstellung seiner Umsetzung und Vorstellung einer alternativen Umsetzungsvariante in Form des Core-Satellite-Ansatzes erfolgt analog zur Schlussbetrachtung des aktiven Fondsmanagements auch hier eine abschließende Gegenüberstellung der wesentlichen Vor- und Nachteile des passiven Portfoliomanagements.

Vorteile: Den größten Vorteil der passiven Wertpapierfonds stellen wohl ihre niedrigen Gesamtkosten dar. Passive Fonds versuchen nicht, Überrenditen zu erzielen, und orientieren sich strikt an einem vorgegebenen Index. Anlageentscheidungen werden dementsprechend im Wesentlichen durch Veränderungen der Benchmark bestimmt. Da es allerdings eher selten zu Änderungen in der Zusammensetzung der Benchmark kommt, fallen bei passiven Fonds wesentlich geringere Transaktionskosten für Handelsaktivitäten an. Zudem müssen keine Fondsmanager bezahlt werden, was die Kosten ebenfalls gering hält.[98] Ein weiterer Vorteil der passiven Wertpapierfonds ist, dass sie das Anlagerisiko weit streuen. Durch die Nachbildung des jeweiligen Index sind eine Vielzahl von unterschiedlichen Wertpapieren im Portfolio enthalten, selbst wenn einige dieser Wertpapiere noch gewisse Korrelationen aufweisen, findet insgesamt eine gute Risikodiversifikation statt. Bei aktiven Investmentfonds setzen die Manager oft auf die Übergewichtung einzelner Aktien oder Aktiengruppen, der Effekt der Risikostreuung kommt daher nicht, oder nur vermindert, zum Tragen. Außerdem bieten indexnachbildende Fonds den Vorteil einer hohen Transparenz. In den meisten Fällen replizieren passive Fonds den Index voll, d.h. die Zusammensetzung des Index entspricht der Zusammensetzung des Fonds bzw. Portfolios. Die Wertentwicklung der Anlage lässt sich dementsprechend leicht nachvollziehen. Auch bei der näherungsweisen Indexreplikation kann die Wertentwicklung unter Berücksichtigung eines möglichen Tracking-Errors leicht festgestellt werden. Bei aktiven Fonds hingegen erhalten Anleger derartige Informationen meist nur stichtagsbezogen oder mit einer gewissen zeitlichen Verzögerung.[99]

Nachteile: Ein wesentlicher Nachteil den passiven Fonds gegenüber aktiven Fonds haben, ist die Handlungsunfähigkeit im Krisenfall. Passive Fonds sind stets voll investiert und verfügen über identische Portfolios. Bei guter Marktentwicklung stellt

---

[98]   Vgl. Kromarek (2019), S. 31.

[99]   Vgl. Verein für Konsumenteninformation (2018), S. 33-35

dies kein Problem dar, weil so eine optimale Performance erzielt wird. Sollte jedoch eine Kurskorrektur an den Börsen einsetzten, kann es dazu kommen, dass eine Vielzahl von Anlegern gleichzeigt ihre Anteile verkaufen möchte. Allerdings stellt es sich in Zeiten negativer Marktentwicklungen schwierig heraus, geeignete Käufer zu finden. Dagegen können die Manager aktiver Fonds schon frühzeigt auf negative Entwicklungen reagieren und gelten daher als handlungsfähiger. Zudem sind Fondsmanager oder Verwaltungsgesellschaften angehalten, gewisse Rücklagen zu bilden. Ihre Fonds sind daher nicht voll investiert und damit wesentlich flexibler.[100] Ein weiterer Nachteil passiver Fonds hängt ebenfalls mit der starren Konzentration auf die Benchmark zusammen. Neben der Tatsache, dass bei passiven Investmentfonds nie die Möglichkeit besteht, Überrenditen zu erzielen, besteht die Gefahr, dass einzelne Werte innerhalb des Index, die Performance – obwohl insgesamt vielleicht gut – negativ beeinflussen. Durch passive Fonds gelangen möglicherweise Wertpapiere in das Portfolios des Anlegers, welche er unter normalen Umständen nie kaufen würde. Da bei der möglichst exakten Nachbildung der Benchmark keine Selektionsentscheidungen getroffen werden, gelangen alle Wertpapiere gleichermaßen in das Portfolio. Dadurch wird zwar das Risiko breiter gestreut, aber auch die Performance auf eine Art und Weise gemittelt.[101]

---

[100] Vgl. Bröning (2019), S. 76-77.
[101] Vgl. Fischer (2018), S. 102-108.

5 Theoretische Betrachtung der Performance als Vergleichsgrundlage

5.1 Performance-Begriff

Die Verwendung des Performance-Begriffs erfolgt sowohl in der Praxis als auch in der Theorie nicht einheitlich. Vielfach wird der Begriff Performance, welcher aus dem angelsächsischen Sprachgebrauch entnommen und mit dem Wort Leistung zu übersetzen ist, gleichgesetzt mit der Rendite bzw. dem Vermögenszuwachs. Allerdings vermag die eindimensionale Zielgröße Rendite keine hinreichende Aussage über die erzielte Portfolioleistung zu treffen, da ihre Entstehungsgründe unbetrachtet bleiben. Würden Portfolios daher ausschließlich anhand ihrer erzielten Rendite beurteilt, dann wäre es sinnvoll, nur jene Wertpapiere im Portfolio zu halten welche die größte Rendite versprechen. Eine Risikostreuung entsprechend der Portfoliotheorie wäre in diesem Fall dann unzweckmäßig.[102] Aus diesem Grund ist es sinnvoll, die Performance als risikoadjustierte Rendite zu verstehen. Eine dementsprechende Definition lautet dann beispielsweise: Unter Performance versteht man die Abweichung der Rendite einer Vermögensanlage von einem zugrunde gelegten Vergleichsportfolio, der sogenannten Benchmark. Infolgedessen kann die Performance als leistungsbedingte Differenz der Renditen eines Portfolios und eines Vergleichsmaßstabes bei gleichem Risiko angesehen werden. Insofern verbergen sich hinter dem Begriff Performance mindestens zwei Komponenten, welche eine hinreichende Quantifizierung ermöglichen. In der überwiegenden Anzahl der Fälle wird dabei die Rendite eines Portfolios als wesentlicher Performancebestandteil und damit als zentrales Ziel des Portfoliomanagements angesehen. Hinzu kommt entsprechend der oben genannten Definition als zweite Komponente das Risiko eines Portfolios.[103]

5.2 Performanceanalyse

Im Investmentprozess steht die Performanceanalyse chronologisch betrachtet ganz am Ende. Dies bedeutet allerdings nicht, dass die Performanceanalyse minder wichtig ist als andere Teile des Investmentprozesses. Denn eine sachgerechte Analyse besitzt für die Formulierung von Portfoliozielen eine besondere Bedeutung. So

---

[102] Vgl. Steiner/Bruns/Stöckl (2017), S. 591-592.
[103] Vgl. Bruns/Meyer-Bullerdiek (2013), S. 713-714.

lassen sich beispielsweise aus den Ergebnissen der Performanceanalyse Folgerungen für den jeweiligen Investmentstil ableiten oder etwa Änderungen der Anlagestrategie vornehmen. Insbesondere kann die Performanceanalyse, welche aus den beiden Teilen Performancemessung und -attribution besteht, als Ziel-Controlling des Investmentprozesses angesehen werden.[104] Der Erfolg des Portfoliomanagements wird nicht daran gemessen, wie der Vermögensverwaltungsprozess gestaltet ist, sondern welcher Anlageerfolg generiert wurde. An dieser Stelle, die sowohl für interne als auch externe Adressaten interessant ist, knüpft die Performanceanalyse an. Ziel der Performanceanalyse ist also neben der reinen Messung der Performance, welche eine Aussage über den grundsätzlichen Erfolg oder Misserfolg erlaubt, eine Aufschlüsselung und eine Identifikation der maßgeblichen Einflussfaktoren.[105] Im Hinblick auf die Unterscheidung zwischen Performancemessung und -attribution lässt sich folgende vereinfachte Zuordnung vornehmen. Während die Performancemessung unter Zuhilfenahme vieler verschiedener Methoden die objektivierbaren Portfolioergebnisse analysiert und sich dabei einer Vergangenheitsanalyse bedient, versucht die Performanceattribution die Ergebnisse in Hinsicht auf ihre Erfolgsquellen und Verursachung zu interpretieren.[106] Abhängig davon, auf welche Datengrundlage zur Erfüllung des Informationszweckes zurückgegriffen wird und wer jeweiliger Adressat ist, kann die Performanceanalyse in externe und interne Analyse unterteilt werden. Während die Sicht der Investoren bei der externen Analyse die Grundlage bildet, erfolgt die interne Performanceanalyse insbesondere aus Sicht des Portfoliomanagers oder der Vermögensverwaltungsgesellschaft.[107] Einen Überblick über die verschiedenen Aspekte einer Performanceanalyse gibt die folgende Abbildung 8.

---

[104] Vgl. Bruns/Meyer-Bullerdiek (2013), S. 711.

[105] Vgl. Daum (2010), S. 10-11.

[106] Vgl. Franzen/Schäfer (2018), S. 510.

[107] Vgl. Daum (2010), S. 11.

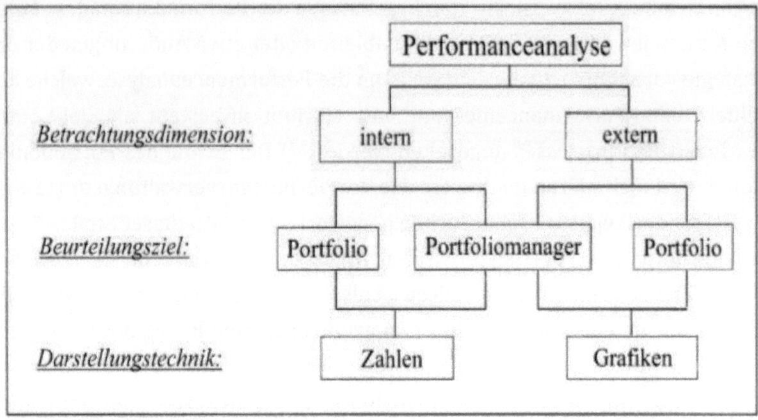

Abbildung 8: Interne und externe Performanceanalyse
Quelle: Bruns/Meyer-Bullerdiek (2013), S. 715.

Die externe Performanceanalyse dient unter anderem dazu, die Qualität der Fonds-manager aus Anlegersicht zu beurteilen und zu überprüfen, ob die erhobene Provision gerechtfertigt ist. Dazu stehen allerdings lediglich extern zugängliche Daten zur Verfügung wie etwa die Renditezeitreihen eines Fonds. Im Rahmen der internen Portfolioanalyse erfolgt hingegen eine genaue Untersuchung der Erfolgs- und Risikoquellen sowie des Investmentstils. Diese Analyse dient zum einen der genaueren Beurteilung des generierten Anlageerfolgs und zum anderen wird ersichtlich, welchen Mehrwert der Portfoliomanager zur Erreichung diese Anlageerfolgs beigetragen hat.[108]

5.2.1 Performancemessung

Die Performancemessung befasst sich mit der Beurteilung und dem Vergleich des relativen Anlageerfolgs eines Portfolios. Die Methodik beruht dabei größtenteils auf der Anwendung quantitativer und vergangenheitsbezogener Beurteilungskriterien. Qualitative Aspekte wie etwa die Portfolioberichterstattung oder Entscheidungstransparenz finden in der Performancemessung bislang kaum Berücksichtigung.[109] Üblicherweise ist die Performancemessung auf die Beurteilung von Wertpapierportfolios beschränkt, wobei es dabei keine Rolle spielt, ob es sich bei den

---

[108] Vgl. Bruns/Meyer-Bullerdiek (2013), S. 715.
[109] Vgl. Steiner/Bruns/Stöckl (2017), S. 590.

Portfolios um private oder institutionelle handelt. Die Performancemessung hat grundsätzlich zwei verschiedene Aufgaben zu erfüllen. Einerseits dient sie der bereits erwähnten Ermittlung des Anlageerfolgs im Vergleich zur Benchmark und andererseits hat sie die eingegangenen Risiken zur Erreichung dieses Anlageerfolgs darzustellen.[110] Zur Erfüllung dieser beiden Aufgaben stehen im Rahmen der Performancemessung verschiedene Methoden zur Verfügung. Dabei wird zwischen eindimensionaler und zweidimensionaler Performancemessung unterschieden. Eindimensional heißt, dass ausschließlich der Anlageerfolg berechnet wird. Bei der zweidimensionalen Performancemessung wird zusätzlich noch die Volatilität, sprich das mit der Anlage in Verbindung stehende Risiko mit einbezogen. Wertentwicklungsberechnungen stellen jedoch grundsätzlich immer nur eine Betrachtung der Vergangenheit dar und besitzen daher nur bedingte Aussagekraft für die Zukunft.[111] Im Folgenden werden nun kurz die gängigsten eindimensionalen Berechnungsmethoden der Performance dargestellt. Im Anschluss daran erfolgt eine Betrachtung der zweidimensionalen Performancemessung.

5.2.1.1 Eindimensionale Performancemessung

Total Return: Die Performancemessung hat vor dem Hintergrund bekannter Investmentziele abzulaufen. Ist für ein Portfolio ein operationales Performanceziel vorgegeben, können die erreichten Resultate im Hinblick auf die Zielerreichung mit dem Instrumentarium der Performancemessung untersucht werden. Um die Vergleichbarkeit der Resultate zu gewährleisten, ist zunächst darauf zu achten, dass die zugrunde liegenden Renditedefinitionen übereinstimmen.[112] So stellt sich im Rahmen der Performancemessung insbesondere die Frage, ob die Rendite zeitgewichtet oder wertgewichtet ermittelt wurde. Ausgangspunkt der eindimensionalen Performancemessung ist der Total Return, welcher sich auf den gesamten Betrachtungszeitraum bezieht und den Erfolg aus der Kursveränderung und den zwischenzeitlichen Rückflüssen, wie z.B. Dividendenzahlungen, erfasst. Der Total Return wird wie folgt ermittelt:

---

[110] Vgl. Daum (2010), S. 13-14.

[111] Vgl. Raab (2019), S. 125.

[112] Vgl. Bruns/Meyer-Bullerdiek (2013), S. 716.

$$r_{Total} = \frac{K_t + Z_{0,t}}{K_0} - 1$$

r_{Total} = Total-Rendite (Total Return)

K_0 = Kurs des Wertpapiers zum Zeitpunkt t_0 (Anfangszeitpunkt)

K_t = Kurs des Wertpapiers zum Zeitpunkt t

$Z_{0,t}$ = Rückflusszahlungen aus dem Wertpapier für die Zeit von t_0 bis t

Hierbei werden allerdings die aus zwischenzeitlichen Zahlungen resultierenden Zinseszinseffekte nicht berücksichtigt. Darüber hinaus wird die Länge des Betrachtungszeitraums nicht einbezogen, da es sich um die Rendite für die gesamte Anlageperiode handelt. Für die Ermittlung des Total Return müssen Marktwerte zugrunde gelegt werden, da nur mit diesen Kursen eine sinnvolle und am Markt orientierte Kontrolle der erzielten Performance gewährleistet wird.[113]

Wertgewichtete Berechnung (Return on Investment): Bei der Renditeberechnung treten insbesondere dann Probleme auf, wenn während des Betrachtungszeitraums Kapitalflüsse wie etwa in Form von Einlagen oder Entnahmen stattfinden. Um ein unverzerrtes Bild über die tatsächlich erwirtschaftete Rendite zu erhalten, müssen die jeweiligen Kapitalströme in die Betrachtung mit einbezogen werden. Im Hinblick auf die Berücksichtigung dieser Kapitalflüsse lassen sich wert- und zeitgewichtete Renditeberechnungen unterscheiden. Die Entscheidung für eine dieser beiden Renditen ist davon abhängig, ob der Zeitpunkt der Kapitalabflüsse oder -zuflüsse bei der Berechnung berücksichtigt werden soll.[114] Das Verfahren der wert- oder auch geldgewichteten Performancemessung ist aus der internen Zinsfußmethode der Investitionsrechnung abgeleitet. Der interne Zinsfuß liefert eine Maßgröße für die Beurteilung des gesamten Investments, d.h. die Zahlungshöhe und der Zahlungszeitpunkt sind dabei die wesentlichen Leistungsgrößen. Bei der wertgewichteten Performancemessung wird also die erzielte Rendite mit den jeweiligen Kapitalvolumina ins Verhältnis gesetzt. Dabei werden die zwischenzeitlichen Ein- und Auszahlungen auf das Ausgangsdatum diskontiert und gehen mit ihren jeweiligen Barwerten in die Renditeberechnung mit ein.[115] Da bei der Berechnung der wertgewichteten Rendite die Veränderungen des eingesetzten Kapitals berücksichtigt werden, handelt es sich um eine im Hinblick auf die Kapitalflüsse

---

[113] Vgl. Bruns/Meyer-Bullerdiek (2013), S. 717.
[114] Vgl. Bruns/Meyer-Bullerdiek (2013), S. 726.
[115] Vgl. Raab (2019), S. 126.

gemittelte Rendite. Dabei wird die Wiederanlage zwischenzeitlicher Zahlungen zum internen Zinsfuß unterstellt. Dieser interne Zinsfuß stellt denjenigen Zinsfuß dar, bei dem der Kapitalwert als Barwert aller Ein- und Auszahlungen den Wert Null annehmen wird.[116] Die Formel zur Berechnung der wertgewichteten Rendite lautet wie folgt:

$$C_0 = -a_0 + \sum_{t=1}^{n} * \frac{EZÜ_t}{(1 + i)^t}$$

C_0 = Kapitalwert

a_0 = Auszahlung zum Zeitpunkt 0

$EZÜ_t$ = Einzahlungsüberschluss in Periode t

i   = Interner Zinsfuß

Zeitgewichtete Berechnung: Im Gegensatz zur wertgewichteten Rendite besteht bei der zeitgewichteten Rendite keine Abhängigkeit von den zwischenzeitlichen Kapitalflüssen. Grundlage ihrer Berechnung ist die geometrische Verzinsung. Zur Bestimmung der zeitgewichteten Rendite wird der gesamte Betrachtungszeitraum in einzelne Berechnungsperioden unterteilt, deren Anzahl und Dauer von den jeweiligen Kapitalflüssen abhängt. Sobald ein Kapitalabfluss oder -zufluss stattfindet, beginnt eine neue Periode. Dadurch lassen sich die Auswirkungen der zwischenzeitlichen Kapitalflüsse beseitigen.[117] Die in der Praxis am häufigsten verwendete Berechnungsmethode zur Ermittlung der zeitgewichteten Wertentwicklung ist die vom Bundesverband für Investment und Asset Management e.V. entwickelte BVI-Methode. Sie bietet ein sehr einfaches und zugleich exaktes Verfahren zur Renditeberechnung. Bei der BVI-Methode werden die Anteilswerte der Fonds zum Beginn und zum Ende der Berechnungsperiode, unter Berücksichtigung der Wiederanlage der ausgeschütteten Erträge, verglichen. Die während des Berechnungszeitraums erfolgten Ausschüttungen werden am gleichen Tag der Ausschüttung als zum Anteilswert wiederangelegt betrachtet, wie es bei einem Investmentkonto in der Regel der Fall ist. Hierdurch können sowohl die Wertentwicklungen von ausschüttenden als auch von thesaurierenden Fonds untereinander vergleichbar gemacht werden. Bei der BVI-Methode sind die innerhalb des Fonds

---

[116] Vgl. Bruns/Meyer-Bullerdiek (2013), S. 726.
[117] Vgl. Bruns/Meyer-Bullerdiek (2013), S. 729.

anfallenden Kosten, wie z.B. Managementgebühren, bereits eingerechnet, da sie direkt vom Fondsvermögen abgezogen werden. Lediglich der Ausgabeaufschlag sowie eventuell anfallenden Depotführungsgebühren werden nicht berücksichtigt. Mit der BVI-Methode wird somit die reine Managementleistung verglichen.[118] Die zeitgewichtete Rendite mit Hilfe der BVI-Methode wird wie folgt berechnet:

$$r_{BVI\,p.a.} = \sqrt[n]{\frac{Anteilswert_{t_n}}{Anteilswert_{t_0}}} - 1$$

t_n = Anteilswert am Ende der Betrachtung

t_0 = Anteilswert zu Beginn der Betrachtung

5.2.1.2 Zweidimensionale Performancemessung

Bei der Beurteilung der Performance eines Portfolios sollte die Rendite nicht alleiniger Maßstab sein, daher wird bei der zweidimensionalen Performancemessung neben dem Anlageerfolg auch die Volatilität berücksichtigt, man spricht in diesem Fall auch von der Risikoadjustierung. Zwar zählt im rückblickenden Vergleich nur die erwirtschaftete Rendite eines Portfolios, da bei Vergangenheitsbetrachtungen keine Unsicherheit bezüglich der Renditerealisation vorliegt, dennoch spielt das einzugehende Risiko jedoch ex ante betrachtet eine große Rolle. Zudem entspricht es der Realität im Portfoliomanagement, dass Anleger in ihrer überwiegenden Mehrzahl risikoavers und nicht risikoneutral oder gar risikofreudig eingestellt sind.[119] Die Volatilität einer Anlage wird meist als jährlicher, durchschnittlicher Schwankungsgrad der Wertentwicklung ausgewiesen. Ein verbreitetes Maß zur Volatilitätsdarstellung ist die Standardabweichung, welche die jährliche Abweichung der Wertsteigerung in Prozent angibt. Die Ergebnisse der zweidimensionalen Performancemessung werden auf unterschiedlichste Weise berechnet und dargestellt, abhängig davon, welches Risikomaß bei der Beurteilung zugrunde legt wird.[120] Die gängigsten, risikoadjustierten Kennzahlen zur Performancemessung werden in Abschnitt 5.3 näher dargestellt.

---

[118] Vgl. Raab (2019), S. 120.

[119] Vgl. Bruns/Meyer-Bullerdiek (2013), S. 735-736.

[120] Vgl. Raab (2019), S. 129.

5.2.2 Performanceattribution

Neben der Performancemessung gewinnt auch die als Performanceattribution bezeichnete Aufspaltung des erzielten Anlageerfolgs zunehmend an Bedeutung. Man spricht in diesem Zusammenhang auch von einer Erfolgsquellenanalyse. Zur aussagekräftigen Beurteilung der Performance eines Portfolios zählt neben der reinen Messung des Anlageerfolgs auch die adäquate Einschätzung der vorliegenden Erfolgsfaktoren. Bei der Performanceattribution steht also die Frage im Mittelpunkt, ob eine überdurchschnittliche Performance dem Portfoliomanagement oder anderen Faktoren, wie etwa einer günstigen Marktentwicklung, zuzuschreiben ist.[121] Daher spielt die Performanceattribution vor allem bei der Erfolgsbeurteilung aktiver Managementstrategien eine wichtige Rolle. Die Zielsetzung der Performanceattribution besteht dementsprechend in der Aufschlüsselung und Zuordnung der im Rahmen der Performancemessung gewonnenen Ergebnisse.[122] Insofern kann die Attribution auch als Management-Informations-System dienen. Während sich im Rahmen der Performancemessung die Frage stellt: „How well did we do?", lautet die Fragestellung bei der Attribution: „How did we do well?" Gegenüber einer reinen Performancemessung bietet die Performanceattribution unter anderem den Vorteil, Informationen über Stärken und Schwächen im Investmentstil sowie im Managementprozess zu liefern. Diese Informationen sind dabei sowohl für das Portfoliomanagement als auch für den Anleger wichtig. Wie bereits angedeutet, bilden die Grundlage einer sachgerechten Performanceattribution die Ergebnisse der Performancemessung. Diese Messung hat dabei auf die Verwendung von tatsächlichen Marktwerten, einschließlich der Stückzinsen sowie Dividendenforderungen, abzuzielen und ist darüber hinaus regelmäßig, zumeist monatlich, durchzuführen. Wichtig ist dabei, auf eine statistische Signifikanz der Ergebnisse zu achten, diese kann durch einen hinreichend großen Datenerhebungszeitraum erreicht werden. Nach Durchführung einer ordnungsgemäßen Performancemessung kann, im Rahmen der Performanceattribution, die Rendite zielgerichtet auf die bestehenden Verantwortungsstrukturen zerlegt bzw. aufgeteilt werden. Üblicherweise erfolgt diese Aufteilung durch eine additive Zerlegung der Rendite in einzelne Komponenten oder Faktoren.[123]

---

[121] Vgl. Steiner/Bruns/Stöckl (2017), S. 616-617.

[122] Vgl. Franzen/Schäfer (2018), S. 510.

[123] Vgl. Bruns/Meyer-Bullerdiek (2013), S. 766.

5.3 Klassische Performancemaße

Im Rahmen der zweidimensionalen Performancemessung werden die erzielten Portfolioergebnisse mit den Resultaten einer vorgegebenen Benchmark verglichen. Ziel dieses Vorgehens ist die Beantwortung der Frage, ob das Portfolio die zuvor festgelegte Benchmark in einem vorgegebenen Zeitraum risikoadjustiert übertroffen hat. Mit Hilfe des Sharpe- und Treynor-Maßes, sowie des Jensen-Alphas, lässt sich diese Frage beantworten. Dabei basieren all diese als klassischen Performancemaße bezeichneten Kennzahlen auf dem CAPM.[124] Formal lassen sich diese Maßgrößen danach unterscheiden, auf welche Weise das Risiko und die Rendite zueinander in Beziehung gesetzt werden. Bei den relativen Performancemaßen wie dem Sharpe-Ratio und Treynor-Ratio, wird die Überschussrendite gegenüber einem risikolosen Zinssatz ins Verhältnis zu einer Risikogröße gesetzt. Durch diese Quotientenbildung lassen sich verschiedene Portfolios unmittelbar anhand der Höhe dieses Quotienten miteinander vergleichen. Demgegenüber erfolgt bei beim Jensen-Alpha als absolutem Performancemaß anstelle einer Quotienten- eine Differenzbildung zwischen tatsächlicher Überschussrendite des Portfolios – also der erzielten Risikoprämie – und der eigentlich zu erwarten gewesenen Überschussrendite.[125] Durch die Performancemessung auf Basis des CAPM und die damit einhergehende, zweidimensionale Betrachtung kann die erwirtschaftete Rendite relativ zum eingegangenen Risiko beurteilt werden. Dabei wird bei der Messung berücksichtigt, dass Anleger die zur Auswahl stehenden Investitionsmöglichkeiten nicht nur nach der erzielten Rendite, sondern auch nach deren Risikogehalt beurteilen. So erwarten beispielsweise risikoaverse Anleger für die Aufnahme höherer Risiken auch eine höhere Entlohnung in Form einer steigenden Rendite. Folglich ist zur Erfolgsbeurteilung einer Anlage auch immer zu berücksichtigen, ob eine etwaig erzielte Überrendite auch noch nach der Berücksichtigung ihres Risikogehalts den Zielvorstellungen des Anlegers entspricht. Als passende Benchmark der risikoadjustierten Performancemessung wird die Rendite-Risiko-Relation des CAPM herangezogen.[126]

---

[124] Vgl. Bruns/Meyer-Bullerdiek (2013), S. 739.
[125] Vgl. Daum (2010), S. 15.
[126] Vgl. Franzen/Schäfer (2018), S. 216.

5.3.1 Sharpe-Ratio

Das Sharpe-Maß gibt unter Verwendung der Kapitalmarktlinie des CAPM als Vergleichsmaßstab das Erfolgs-Variabilitäts-Verhältnis einer Anlage an. Es setzt die erzielte Überschussrendite eines Portfolios ins Verhältnis zur Volatilität und damit zum Gesamtrisiko des Portfolios. Zu interpretieren ist das Sharpe-Maß, als Überschussrendite, die pro Einheit an übernommener Volatilität erzielt wurde.[127] Mathematisch verdichtet das Sharpe-Maß die beiden Größen Rendite und Risiko zu einer einparametrischen Kennzahl. Erst durch diese Verdichtung kann eine genaue Beurteilung der Performance erfolgen. Je höher die erwirtschaftete Rendite des Portfolios pro übernommene Einheit des Gesamtrisikos liegt, desto besser wird das Verhältnis von Rendite zu Risiko, sprich, das Erfolgs-Variabilitäts-Verhältnis. Dementsprechend wird ein möglichst hoher Wert des Sharpe-Maßes angestrebt.[128] Beim direkten Vergleich zweier Portfolios ist dasjenige Portfolio mit dem höheren Sharpe-Wert dem anderen vorzuziehen. Das Shape-Maß ermöglicht über die Risikoadjustierung mit Hilfe der Kapitalmarktlinien einen Erfolgsvergleich mit einem über die Standardabweichung der Rendite gemessenen, unterschiedlichen Risikogehalt. Aufgrund der Tatsache, dass das Sharpe-Maß von der Kapitalmarktlinie des CAPM ausgeht, welche den Rendite-Risiko-Zusammenhang effizienter Portfolios angibt, kommt es insbesondere dann zur Anwendung, wenn ein Anleger sein gesamtes Vermögen in das betrachtete Portfolio investiert hat.[129]

5.3.2 Treynor-Ratio

Mit dem Treynor-Maß steht eine weitere, ebenfalls einparametrische Kennzahl zur zweidimensionalen Erfolgsmessung zur Verfügung. Im Unterschied zum Sharpe-Maß, orientiert sich das Treynor-Maß allerdings an der Wertpapierlinie des CAPM und gibt nicht den Erfolg einer Anlage im Verhältnis zur Variabilität, sondern im Verhältnis zur Volatilität an. Das Treynor-Maß gibt die Höhe der Risikoprämie pro Einheit des übernommenen systematischen Risikos, welches in Form des Beta-Faktors gemessen wird, an. Die Unterscheidung zum Sharpe-Maß liegt dementsprechend in der Wahl dieses Risikomaßes.[130] Bei Verwendung des Treynor-Maßes ist folglich nicht das Gesamtrisiko des Portfolios ausschlaggebend, sondern das

---

[127] Vgl. Mergens (2019), S. 28-29.
[128] Vgl. Steiner/Bruns/Stöckl (2017), S. 600.
[129] Vgl. Franzen/Schäfer (2018), S. 217.
[130] Vgl. Mergens (2019), S. 26-27.

systematische Risiko des zu beurteilenden Portfolios. Anders als bei dem Sharpe-Maß ist die Verwendung des Treynor-Maßes folglich eher dann angebracht, wenn das zu beurteilende Portfolio nur Teil eines größeren, gut diversifizierten Gesamtportfolios ist. Andernfalls lägen unterschiedliche Gesamtrisiken vor und Portfolios mit einem identischen, systematischen Risiko, würden – obwohl unterschiedlich diversifiziert – gleich bewertet. Ein geringerer Diversifikationsgrad bedeutet allerdings ein größeres unsystematisches Risiko, welches entsprechend der Kapitalmarkttheorie aber nicht entgolten wird und daher weitestgehend zu minimieren ist. Im Falle eines geringen Diversifizierungsgrades ist eine Gesamtrisikobetrachtung also sinnvoller. Daher sollten grundsätzlich sowohl ein unterschiedlicher Diversifizierungsgrad als auch der Gesamt-Portfolio-Zusammenhang bei der Performancemessung berücksichtigt werden.[131] Entsprechend kann die gleichzeitige, ergänzende Verwendung von Sharpe- und Treynor-Ratio sinnvoll sein. Wird hingegen nur das Treynor-Maß zur Erfolgsmessung verwendet, ist dasjenige Portfolio mit einem höheren Treynor-Wert vorzuziehen.[132]

5.3.3 Jensen-Alpha

Ein alternativer Weg der Performancemessung wird mit dem Jensen-Alpha, einer ebenfalls einparametrischen jedoch absoluten Kennzahl beschritten. Das Jensen-Maß stützt sich wie das Treynor-Maß ebenfalls auf die Wertpapierlinie des CAPM als Basis der Performancemessung. Es gibt die risikoadjustierte Überrendite im Vergleich zur Benchmark an. Dabei misst das Jensen-Alpha den Renditeabstand zwischen geschätzter Rendite des Portfolios und der vom CAPM im Marktgleichgewicht vorhergesagten Rendite, bei Vernachlässigung des unsystematischen Risikos.[133] Das Jensen-Alpha ist abhängig von der zugrunde gelegten Benchmark und daher nur relativ zu dieser Benchmark interpretierbar. Zudem besteht ein großes Problem des Jensen-Maßes in seiner Formulierung als absolutes Performancemaß. Einen Vergleich zweier Portfolios nur anhand ihrer Alpha-Werte vorzunehmen erscheint nicht sinnvoll, da eine entsprechende Risikoberücksichtigung nicht stattfindet.[134] Im Gegensatz zum Sharpe- und Treynor-Maß kann mit dem Jensen-Alpha also kein einwandfreier Performancevergleich verschiedener Portfolios

---

[131] Vgl. Steiner/Bruns/Stöckl (2017), S. 603.
[132] Vgl. Franzen/Schäfer (2018), S. 218.
[133] Vgl. Mergens (2019), S. 23-24.
[134] Vgl. Franzen/Schäfer (2018), S. 220.

vorgenommen werden, da diese jeweils mit unterschiedlich hohen systematischen Risiken ausgestattet sein könnten. Da den Beurteilungsmaßstab des Jensen-Alphas stets die Wertpapierlinie des Benchmarkportfolios bildet, kann nur eine Aussage darüber getroffen werden, ob das zu beurteilende Portfolio besser als seine jeweilige Benchmark performt hat.[135]

---

[135] Vgl. Steiner/Bruns/Stöckl (2017), S. 607-608.

6 Empirischer Performancevergleich: Aktive vs. passive Wertpapierfonds

6.1 Zielsetzung der Untersuchung und Erläuterung der verwendeten Fonds

Nach einem umfassenden Literaturvergleich, sowie einer Analyse der Eigenschaften von aktiv und passiv gemanagten Fonds, erfolgt im folgenden Abschnitt ein empirischer Performancevergleich. Dieser empirische Vergleich soll zeigen, ob einer der beiden Managementstile Vorteile gegenüber dem jeweils anderen besitzt. Als Vergleichsgrundlage dient hierfür die Performance, auf welche im vorangegangenen Abschnitt ausführlich eingegangen wurde. Bei der Untersuchung wurden die Daten von insgesamt neun aktiv und neun passiv gemanagten Fonds – in diesem Fall ETFs – verwendet. Diese Aktienfonds sind in den Tabellen im Abschnitt 6.2 dargestellt. Dort finden sich auch die Daten der Wertentwicklung der einzelnen Fonds über einen Zeitraum von drei, fünf und zehn Jahren wieder. Außerdem finden sich in den Tabellen neben den

kumulierten und annualisierten Wertentwicklungen auch die Daten zum jeweiligen Fondsvolumen insgesamt und den laufenden Kosten (in Form des Total Expense Ratio) wieder. Der Fokus der verwendeten Aktienfonds liegt allesamt auf dem deutschen Aktienmarkt. Dieser alleinige Fokus auf den deutschen Markt wurde bewusst gewählt, um einerseits die Übersichtlichkeit und Vergleichbarkeit der Untersuchung zu gewährleisten und andererseits, damit der Leser eine Vorstellung von den in den Wertpapierfonds gebündelten Unternehmen bzw. Unternehmenswertpapieren hat. Die Fonds selbst sind in ihrer Zusammensetzung relativ ähnlich und bilden in unterschiedlichen Verhältnissen die im DAX enthaltenen Unternehmen ab. Ein weiterer Vorteil, den die Beschränkungen auf den deutschen Aktienmarkt mit sich bringt, ist, dass allen Fonds der DAX als Benchmark zugrunde liegt und dieser damit als adäquate Referenzgröße zum Performancevergleich herangezogen werden kann. Als Untersuchungsmethodik dient eine sekundäre Datenauswertung, d.h. es wird auf bereits bekannte Daten zurückgegriffen, eine primäre Datenerhebung findet bei der vorliegenden Auswertung nicht statt.

6.2 Betrachtungszeiträume der Wertentwicklung

In den folgenden drei Unterpunkten wird sowohl die Performance der untersuchten aktiven als auch passiven Wertpapierfonds über verschiedene Zeiträume mit der Performance des DAX als Referenzgröße verglichen. Die Vergleichszeiträume betragen dabei drei, fünf und zehn Jahre. Es stellt sich die Frage, ob es den aktiv gemanagten Fonds gelang, in den verschiedenen Zeiträumen sowohl den DAX als auch die passiven Fonds – welche den DAX als Benchmark mehr oder minder exakt replizieren – zu schlagen bzw. Überrenditen zu erzielen. Sämtliche Analysen enden mit dem Stichtag 09. März 2020. Für alle Betrachtungszeiträume wird jeweils die Wertentwicklung des besten, schlechtesten und des Durchschnitts aller aktiven Fonds mit der Entwicklung des DAX verglichen. Die Betrachtung der passiven Fonds erfolgt analog dazu mit den gleichen Einteilungskriterien. Anschließend lässt sich anhand des Performancevergleichs eine Aussage über die mögliche Vorteilhaftigkeit einer der beiden Managementstile treffen.

Übersicht der verwendeten aktiven Wertpapierfonds											
betrachteter Zeitraum					3 Jahre		5 Jahre		10 Jahre		laufende Kosten
					2017-2020		2015-2020		2010-2020		
Nr.	Name des Aktienfonds	Emittent	WKN	Fonds-volumen in Mio. €	Wertentw. in % kum.	p.a.	Wertentw. in % kum.	p.a.	Wertentw. in % kum.	p.a.	Total Expense Ratio
1	DWS Deutschland	DWS International GmbH	849096	3188,82	-25,85	-9,49	-19,93	-4,35	84,04	6,29	1,40
2	DWS Aktien Strategie Deu.	DWS International GmbH	976986	2769,07	-18,89	-6,74	-9,85	-2,05	134,64	8,90	1,45
3	DWS Investa	DWS International GmbH	847400	2421,36	-28,31	-10,50	-25,80	-5,79	59,29	4,77	1,40
4	UniFonds	Union Investment Privatfonds GmbH	849100	2365,90	-22,15	-8,01	-23,79	-5,29	39,61	3,39	1,47
5	Allinaz Global Investors Concentra	Allianz Global Investors GmbH	847500	1760,20	-18,84	-6,72	-15,93	-3,41	81,78	6,16	1,80
6	Allianz Global Investors Fondak	Allianz Global Investors GmbH	847101	1647,89	-18,10	-6,44	-14,63	-3,11	58,28	4,70	0,86
7	Fidelity Funds - Germany Fund	FIL Investment Management S.A.	973283	804,00	-10,54	-3,64	-9,52	-1,98	90,04	6,63	1,92
8	Allianz Vermögensbildung Deu.	Allianz Global Investors GmbH	847506	593,02	-24,32	-8,87	-23,12	-5,12	57,21	4,63	1,79
9	Unifonds-net	Union Investment Privatfonds GmbH	975020	575,40	-23,48	-8,53	-25,75	-5,78	33,15	2,90	1,82

Tabelle 1: Übersicht der untersuchten aktiven Fonds

Quelle: Eigene Darstellung auf Datenbasis von Asset International Deutschland GmbH (o.J.), Onlinequelle.

Übersicht der verwendeten passiven Wertpapierfonds - ETFs											
betrachteter Zeitraum					3 Jahre		5 Jahre		10 Jahre		laufende
					2017-2020		2015-2020		2010-2020		Kosten
Nr.	Name des Aktienfonds	Emittent	WKN	Fonds-volumen in Mio. €	Wertentw. in % kum.	p.a.	Wertentw. in % kum.	p.a.	Wertentw. in % kum.	p.a.	Total Expense Ratio
1	iShares Core DAX UCITS ETF	BlackRock Asset Management AG	593393	5742,46	-24,40	-8,90	-23,57	-5,23	50,34	4,16	0,16
2	Xtracker DAX UCITS ETF 1C	DWS Investment S.A.	DBX1DA	2400,19	-24,46	-8,92	-23,99	-5,34	49,03	4,07	0,09
3	Deka DAX UCITS ETF	Deka Investment GmbH	ETFL01	778,03	-24,38	-8,89	-23,55	-5,23	50,97	4,21	0,15
4	Lyxor DAX UCITS ETF	Lyxor International Asset Mgmt.	LYX0AC	793,89	-24,53	-8,96	-24,26	-5,41	47,82	3,99	0,15
5	ComStage DAX TR UCITS ETF	Lyxor Funds Solutions S.A.	ETF001	763,73	-24,46	-8,93	-24,06	-5,36	49,61	4,11	0,08
6	ComStage DAX FR UCITS ETF	Lyxor Funds Solutions S.A.	ETF002	47,05	-24,36	-8,89	-24,04	-5,35	-	-	0,15
7	Xtrackers DAX Income UCITS ETF 1D	DWS Investment S.A.	DBX0NH	416,78	-24,49	-8,94	-24,06	-5,35	-	-	0,09
8	Deka DAX (ausschüttend) UCITS ETF	Deka Investment GmbH	ETFL06	700,74	-24,21	-8,82	-23,23	-5,15	51,67	4,25	0,16
9	ComStage 1 DAX UCITS ETF I	Lyxor Funds Solutions S.A.	ETF901	89,00	-24,39	-8,90	-	-	-	-	0,15

Tabelle 2: Übersicht der untersuchten passiven Fonds
Quelle: Eigene Darstellung auf Datenbasis von Asset International Deutschland GmbH (o.J.), Onlinequelle.

6.2.1 Im 3-Jahres-Vergleich

Der Zeitraum für den ersten Vergleich beträgt genau drei Jahre und wurde vom 09.03.2017 bis zum 09.03.2020 gewählt. Der Indexschlussstand des DAX am 09.03.2017 betrug 11.978,39 Zählerpunkte. Drei Jahre später stand der DAX bei 10.625,02 Zählerpunkten. Dies entspricht einem Kursrückgang von 1353,37 Punkten bzw. einem Rückgang von -11,29 % über die drei Jahre.[136] Diese Entwicklung ist in Abbildung 9 dargestellt.

---

[136] Vgl. finanzen.net GmbH (o.J.), Onlinequelle.

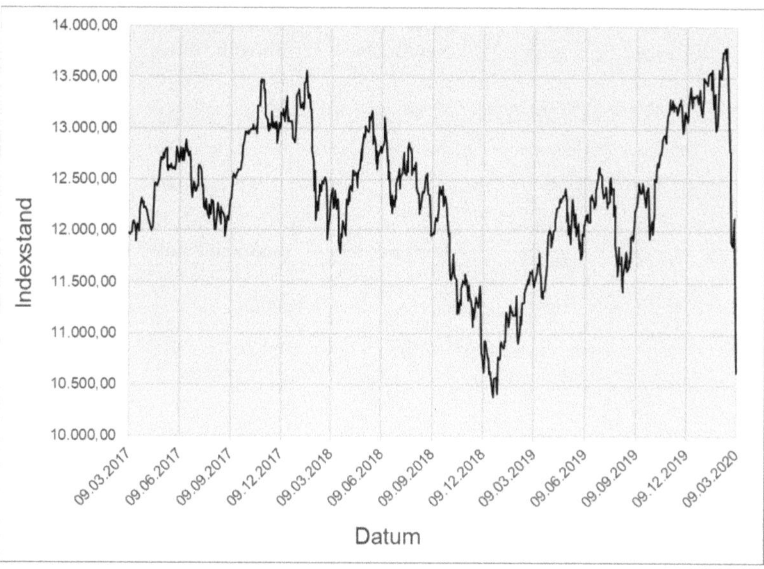

Abbildung 9: Entwicklung des DAX über einen 3 Jahres Zeitraum
Quelle: Eigene Darstellung

Um die Wertentwicklung pro Jahre oder in diesem Fall den Wertverlust pro Jahr zu berechnen, wird die BVI-Methode angewandt. Durch Anwendung der BVI-Methode ergibt sich folgendes:

$$\sqrt[3]{\frac{10625,02}{11978,39}} - 1 = -0,03917$$

Man erhält den Wert -0,03917 bzw. -3,917 %, dieser sagt aus, dass ein reines Indexinvestment in den DAX im Zeitraum vom 09.03.2017 bis zum 09.03.2020 einen Wertverlust von -3,917 % pro Jahr bedeutet hätte. Vergleicht man nun die durchschnittliche Jahresperformance der aktiv gemanagten Fonds über einen Zeitraum von 3 Jahren mit der Jahresperformance der passiv gemanagten Fonds und der des DAX, zeigt sich, dass es den aktiv gemanagten Fonds im Durchschnitt nicht gelungen ist, den Wertverlust geringer als der DAX zu halten. Lediglich einem der untersuchten aktiven Fonds gelang es, den Wertverlust im direkten Vergleich zum DAX zu minieren. Im Vergleich mit den passiv gemanagten Fonds zeigt sich allerdings, dass die aktiven Fonds im Durchschnitt einen geringeren Wertverlust erreichen konnten.

Zeit-raum	Index (DAX)	Bester akti-ver Fonds	Durchschnitt aller aktiven Fonds	Schlechtester aktiver Fonds
3 Jahre	-3,917 %	-3,64 %	-7,66 %	-10,50 %

Tabelle 3: Performancevergleich über 3 Jahre: DAX vs. aktive Fonds
Quelle: Eigene Darstellung

Zeit-raum	Index (DAX)	Bester passi-ver Fonds	Durchschnitt aller passiven Fonds	Schlechtester passiver Fonds
3 Jahre	-3,917 %	-8,82 %	-8,91 %	-8,96 %

Tabelle 4: Performancevergleich über 3 Jahre: DAX vs. passive Fonds
Quelle: Eigene Darstellung

6.2.2 Im 5-Jahres-Vergleich

Der Zeitraum für den zweiten Vergleich beträgt genau fünf Jahre und wurde vom 09.03.2015 bis zum 09.03.2020 gewählt. Am 09.03.2015 schloss der DAX mit 11.582,11 Punkten ab, fünf Jahre später, am 09.03.2020 stand er bei 10625,02. Dies entspricht einem Kursverlust von 957,09 Punkten oder -8,26 % über die fünf Jahre.[137] Grafisch lässt sich diese Entwicklung in Abbildung 10 folgendermaßen darstellen.

---

[137] Vgl. finanzen.net GmbH (o.J.), Onlinequelle.

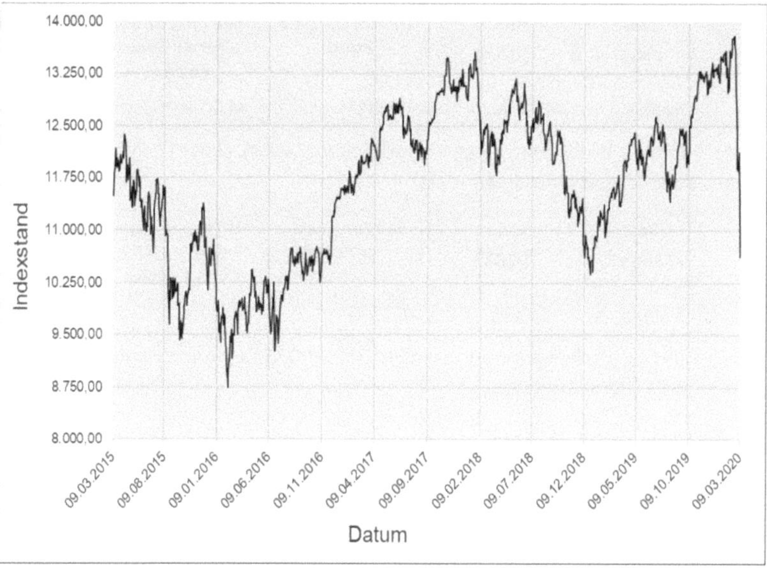

Abbildung 10: Entwicklung des DAX über einen 5 Jahres Zeitraum
Quelle: Eigene Darstellung

Um aus dem Wertverlust des gesamten Betrachtungszeitraums den jährlichen Wertverlust zu ermitteln erfolgt erneut die Anwendung der BVI-Methode. Daraus ergibt sich folgendes:

$$\sqrt[5]{\frac{10625,02}{11582,11}} - 1 = -0,01710$$

Ein reines Indexinvestment in den DAX hätte im Zeitraum vom 09.03.2015 bis zum 09.03.2020 entsprechend der Berechnung mit der BVI-Methode einen Wertverlust von -1,71 % pro Jahr bedeutet. Vergleicht man nun die durchschnittliche Jahresperformance der aktiv gemanagten Fonds über einen Zeitraum von 5 Jahren mit der des DAX, zeigt sich, dass es den aktiven Fonds durchschnittlich auch hier nicht gelang den Wertverlust im Vergleich zum DAX zu minimieren, außerdem konnte – anders als bei dem dreijährigen Betrachtungszeitraum – kein einziger der untersuchten aktiven Fonds den DAX schlagen. Im Vergleich zu den passiv gemanagten Fonds allerdings, zeigt sich auch hier, dass die aktiven Fonds durchschnittlich wesentlich besser abschnitten, teilweise sogar signifikant. Geht man beispielsweise von dem besten aktiven und besten passiven Fonds aus, liegt zwischen diesen beiden Fonds, performancetechnisch eine Diskrepanz von 3,17 %.

Zeit-raum	Index (DAX)	Bester aktiver Fonds	Durchschnitt aller aktiven Fonds	Schlechtester aktiver Fonds
5 Jahre	-1,71 %	-1,98 %	-4,10 %	-5,79 %

Tabelle 5: Performancevergleich über 5 Jahre: DAX vs. aktive Fonds
Quelle: Eigene Darstellung

Zeit-raum	Index (DAX)	Bester passi-ver Fonds	Durchschnitt aller passi-ven Fonds	Schlechtester passiver Fonds
5 Jahre	-1,71 %	-5,15 %	-5,30 %	-5,41 %

Tabelle 6: Performancevergleich über 5 Jahre: DAX vs. passive Fonds
Quelle: Eigene Darstellung

6.2.3 Im 10-Jahres-Vergleich

Der Zeitraum für den dritten und zugleich letzten Vergleich beträgt genau zehn Jahre und wurde vom 09.03.2010 bis zum 09.03.2020 gewählt. In diesem Zeitraum stieg der DAX von 5.885,89 Punkten am 09.03.2010 auf 10.625,02 Punkte am 09.03.2020. Dies entspricht einem Kursanstieg von 4.739,13 Punkten oder 80,82 % über die zehn Jahre.[138] Diese Entwicklung ist grafisch in Abbildung 11 dargestellt.

---

[138] Vgl. finanzen.net GmbH (o.J.), Onlinequelle.

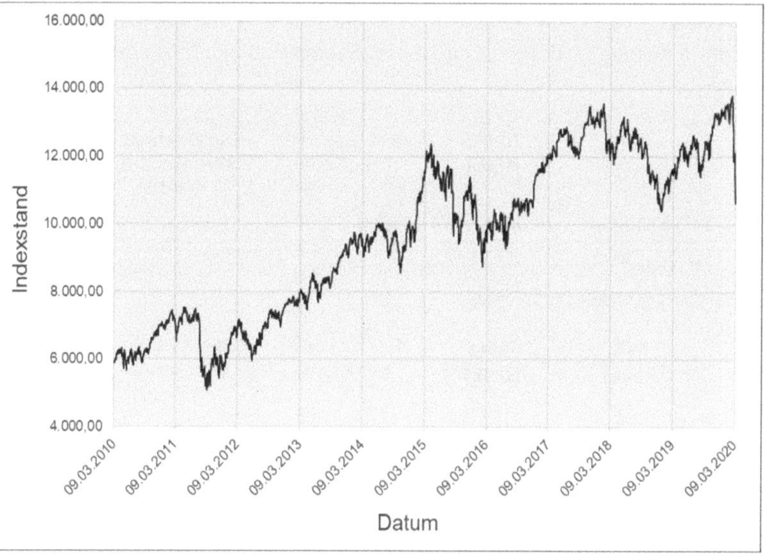

Abbildung 11: Entwicklung des DAX über einen 10 Jahres Zeitraum
Quelle: Eigene Darstellung

Die Ermittlung der jährlichen Wertentwicklung erfolgt erneut mit Hilfe der BVI-Methode. Daraus ergibt sich folgende Berechnung:

$$\sqrt[10]{\frac{10625,02}{5885,89}} - 1 = 0,06084$$

Bei einem reinen Indexinvestment in den DAX, hätte das eingesetzte Kapital vom 09.03.2010 bis zum 09.03.2020 gemäß der BVI-Berechnung eine jährliche Wertsteigerung von 6,084 % erzielt. Im gleichen Betrachtungszeitraum haben die aktiv gemanagten Fonds eine durchschnittliche Wertsteigerung von 5,37 % erzielt, somit gelang es ihnen auch im dritten Vergleichszeitraum durchschnittlich nicht, den DAX zu schlagen. Allerdings liegt die Quote der aktiv gemangten Fonds, denen es bei einer Einzelbetrachtung eben doch gelang, die Benchmark zu schlagen mit rund 44 % (vier von neun Fonds) am höchsten. Bei erneutem Vergleich mit den passiv gemanagten Fonds hingegen, konnten die aktiven Fonds – wie bei den beiden vorherigen Vergleichszeiträumen auch schon – im Durchschnitt eine deutlich höhere Wertsteigerung des eingesetzten Kapitals realisieren. Mit dem „Unifonds-net" von Union Investment schnitt zwar ein aktiv gemanagter Fonds sogar noch deutlich schlechter ab, als der schlechteste passiv gemanagte Fonds (mit 3,99 %

Wertsteigerung), zeigt sich bei der Gesamtbetrachtung allerdings, dass dies eine absolute Ausnahme darstellt und dieser Sachverhalt somit als Ausreißer zu bewerten ist.

Zeit-raum	Index (DAX)	Bester aktiver Fonds	Durchschnitt aller aktiven Fonds	Schlechtester aktiver Fonds
10 Jahre	6,084 %	8,90 %	5,37 %	2,90 %

Tabelle 7: Performancevergleich über 10 Jahre: DAX vs. aktive Fonds
Quelle: Eigene Darstellung

Zeit-raum	Index (DAX)	Bester passi-ver Fonds	Durchschnitt aller passi-ven Fonds	Schlechtester passiver Fonds
10 Jahre	6,084 %	4,25 %	4,13 %	3,99 %

Tabelle 8: Performancevergleich über 10 Jahre: DAX vs. passive Fonds
Quelle: Eigene Darstellung

6.3 Auswertung der Ergebnisse

Bei den vorangegangenen Vergleichen fand eine performancetechnische Gengenüberstellung verschieden gemanagter Wertpapierfonds untereinander sowie auch eine Gegenüberstellung mit einem Referenzindex statt. Untersucht wurden insgesamt 18 verschiedene Aktienfonds, neun davon aktiv und neun passiv gemanagt. Bei der Auswahl wurden nur Fonds berücksichtigt, die über eine mindestens dreijährige Historie verfügten und deren Anlageschwerpunkt auf deutschen Wertpapieren liegt. Dadurch konnte bei allen untersuchten Fonds der DAX als Benchmark hinzugezogen werden. In einem ersten Schritt wurde der arithmetische Mittelwert der Performance aller aktiv gemanagten Fonds mit der jährlichen Wertentwicklung des DAX als Referenzmaßstab verglichen. Dabei zeigte sich, dass es den aktiven Fonds durchschnittlich in keinem der Untersuchungszeiträume gelang, den DAX zu schlagen, es konnten zwar einige Fonds in Einzelbetrachtung eine Outperformance gegenüber dem DAX erzielen und die Anzahl der Fonds denen dies gelang stieg auch mit zunehmendem Investmenthorizont, allerdings war eine Outperformance insgesamt eher selten. Wird die Performance über drei Jahre betrachtet, gelang nur einem Fonds die Outperformance, bei einem Vergleich über fünf Jahre konnte kein aktiver Fonds eine Outperformance erzielen. Signifikant besser wird das Bild erst, wenn man einen Investmenthorizont von über zehn Jahren betrachtet. Mit einer Outperformancequote von rund 44 %, schlugen deutlich mehr Wertpapierfonds den DAX als dies in kürzeren Zeitperioden der Fall war. Im Vergleich mit den passiv gemanagten Fonds schnitten die aktiven Fonds wesentlich besser ab. So konnten die aktiven Fonds in allen Betrachtungszeiträumen eine bessere Performance erzielen als die passiv gemanagten bzw. in dem ersten und zweiten Betrachtungszeitraum den Wertverlust geringer halten. Dies gelang den aktiven Fonds obwohl ihre Gesamtkostenquote (in Form der Total Expense Ratio ausgedrückt) mit 0,86 % bis zu 1,92 % wesentlich höher lag als die Kostenquote der passiven Fonds, welche im Vergleich zwischen 0,08 % und 0,16 % betrug.

6.4 Zusammenfassung der Ergebnisse

Zusammenfassend werden die Entwicklungen des DAX und die Ergebnisse der aktiv und passiv gemanagten Fonds in den einzelnen Betrachtungszeiträume in den nachfolgenden Tabellen übersichtlich dargestellt. Stichtag war jeweils der 09.03.2020.

Zeitraum	Schlechtester aktiver Fonds	Durchschnitt aller aktiven Fonds	Index (DAX)	Bester aktiver Fonds	Anteil der Fonds denen Outperformance gelang
3 Jahre	-10,50 %	-7,66 %	-3,917 %	-3,64 %	11,1 %
5 Jahre	-5,79 %	-4,10 %	-1,71 %	-1,98 %	0 %
10 Jahre	2,90 %	5,37 %	6,084 %	8,90 %	44 %

Tabelle 9: Ergebniszusammenfassung der aktiven Fonds über alle Zeiträume
Quelle: Eigene Darstellung

Zeitraum	Schlechtester passiver Fonds	Durchschnitt aller passiven Fonds	Index (DAX)	Bester passiver Fonds
3 Jahre	-8,96 %	-8,91 %	-3,917 %	-8,82 %
5 Jahre	-5,41 %	-5,30 %	-1,71 %	-5,15 %
10 Jahre	3,99 %	4,13 %	6,084 %	4,25 %

Tabelle 10: Ergebniszusammenfassung der passiven Fonds über alle Zeiträume
Quelle: Eigene Darstellung

Grafisch lässt sich der Sachverhalt folgendermaßen darstellen:

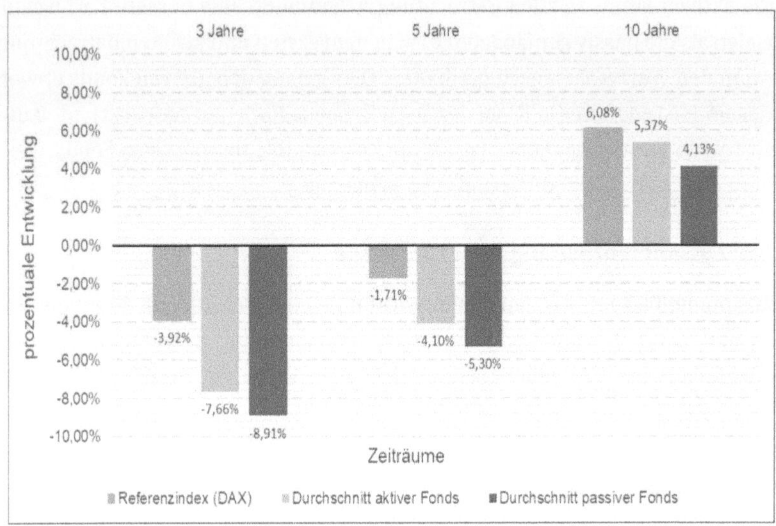

Abbildung 12: Grafische Ergebniszusammenfassung aller Betrachtungszeiträume
Quelle: Eigene Darstellung

7 Schlussbetrachtung

Zu Beginn wurde die Frage aufgeworfen, ob die anhaltend steigende Nachfrage passiver Investmentfonds gerechtfertigt sei und ob sich die Investition in aktive Fonds trotz ihrer anfänglichen performancetechnischen Nachteile dennoch lohnt. Mittels eines empirischen Performancevergleichs konnte gezeigt werden, dass aktiv gemanagte Investmentfonds über einen kurzen Investmentzeitraum nur sehr selten ihre Benchmark schlagen und Überrenditen generieren. Je länger der Untersuchungszeitraum jedoch wurde, desto besser wurden auch die Resultate der aktiven Fonds. Im direkten Vergleich zu den Fonds, die passiv gemanagt werden, konnten die aktiven Fonds allerdings allemal überzeugen und schlugen ihr Pendant bei durchschnittlicher Betrachtung der Performance in allen Untersuchungszeiträumen. Zudem könnten die momentan stark nachgefragten passiven Investmentfonds in geraumer Zeit einen Dämpfer bekommen. Eine Vielzahl von Analysten geht davon aus, dass sich die in den vergangenen Jahren stets positiven Entwicklungen an der Börse mit steigenden Aktienkursen, nicht mehr allzu lange fortsetzen werden. Gerade in Zeiten schlechter Marktentwicklungen stellt sich die Handlungsmöglichkeit aktiver Fonds als besonders vorteilhaft heraus, dies zeigt sich bereits an den aktuellen Entwicklungen an den Börsen. Durch die von Corona weltweit ausgelöste Gesundheitskrise fallen die Kurse insgesamt stark, allerdings zeigt sich auch, dass die passiven Fonds aufgrund ihrer strikten Indexbindung stärker darauf zu reagieren scheinen als aktive Fonds, bei denen Gegenmaßnamen getroffen werden können. Allerdings gilt auch zur beachten, dass Investmententscheidungen nicht nur anhand der erzielten Rendite getroffen werden sollten. Faktoren wie die Risikobereitschaft des Anlegers und die Liquiditätssicherheit gilt es ebenfalls zu berücksichtigen. Sowohl aktive als auch passive Investmentfonds haben ihre jeweils unterschiedlich stark ausgeprägten Vor- und Nachteile. Je nach aktueller Marktentwicklung kann einer der beiden Managementstile sehr wohl kurzfristig überlegen sein. Eine klare Aussage, welcher der beiden Ansätze aber insgesamt besser ist, kann nicht getroffen werden.

Literaturverzeichnis

Albrecht, P. / Maurer, R. (2008). Investment- und Risikomanagement. 3. Aufl. Stuttgart: Schäffer-Poeschel Verlag.

Asset International Deutschland GmbH (o.J.). Onlinequelle. Fondsweb ISS FWW. Erreichbar unter: https://www.fondsweb.com/de/DE0005322218. Abruf am: 15.02.2020.

Bröning, T. (2019). Alpha durch aktives Fondsmanagement, in: Euro am Sonntag, Heft Nr. 22, S. 76-77.

Bruns, C. / Meyer-Bullerdiek, F. (2013). Professionelles Portfoliomanagement: Aufbau, Umsetzung und Erfolgskontrolle strukturierter Anlagestrategien. 5., überarbeitete und erweiterte Aufl. Stuttgart: Schäffer-Poeschel Verlag.

Bundesanstalt für Finanzdienstleistungsaufsicht (2013). Onlinequelle. Fondskategorien-Richtlinie. Erreichbar unter: https://www.bafin.de/SharedDocs/Veroeffentlichungen/DE/Aufsichtsrecht/Richtlinie/rl_130722_fondskategorien.html;jsessionid=E67FFE6411B1C9A4E8045AB2F44AFF0B.1_cid394?nn=8236192#doc7853166bodyText3. Abruf am: 25.01.2020.

Daum, J. (2010). Risikoadjustierte Performanceanalyse von Anleiheportfolios. 1. Aufl. Wiesbaden: Springer-Gabler Verlag.

Everling, O. / Kirchhoff, J. (2011). Exchange Traded Fund-Rating: Marktüberblick, Einsatzkriterien und Praxiseinsatz. 1. Aufl. Köln: Banken-Verlag.

finanzen.net GmbH (o.J.). Onlinequelle. Historische Kursdaten für DAX 30. Erreichbar unter: https://www.finanzen.net/index/dax/historisch. Abruf am: 09.03.2020.

Fischer, D. (2018). Underperformance ist mit ETFs garantiert, in: Trends im Assetmanagement, Heft Nr. 3, S. 102-108.

Franzen, D. / Schäfer, K. (2018). Assetmanagement: Portfoliobewertung, Investmentstrategien und Risikoanalyse. 1. Aufl. Stuttgart: Schäffer-Poeschel Verlag.

Günther, S. / Moriabadi, C. / Schulte, J. / Garz, H. (2012). Portfolio-Management. 5., überarbeitete Aufl. Frankfurt am Main: Frankfurt School Verlag.

Heese, V. / Riedel, C. (2016). Fundamentalanalyse versus Chartanalyse: Methoden der Aktienbewertung im Vergleich. 1. Aufl. Wiesbaden: Springer-Gabler Verlag.

Isarvest GmbH (o.J.). Onlinequelle. Arten der Indexabbildung. Erreichbar unter: https://de.extraetf.com/wissen/arten-der-indexabbildung. Abruf am: 19.02.2020.

Klein, J. / Ölger, M. / Wetzel, A. (2018). Onlinequelle. Investmentfonds: Umgang mit Liquiditätsrisiken. Erreichbar unter: https://www.bafin.de/SharedDocs/Veroeffentlichungen/DE/Fachartikel/2018/fa_bj_1801_Liquiditaet.html. Abruf am: 21.02.2020.

Kromarek, R. (2019). The Future of ETFs, in: Smart Investor, Heft Nr. 8, S. 31.

Mergens, M. (2019). Performancemessung von Lebenszyklusfonds. 1. Aufl. Wiesbaden: Springer-Gabler Verlag.

Mondello, E. (2015). Aktienbewertung: Theorie und Anwendungsbeispiele. 1. Aufl. Wiesbaden: Springer-Gabler Verlag.

Mondello, E. (2017). Finance: Theorie und Anwendungsbeispiele. 1. Aufl. Wiesbaden: Springer-Gabler Verlag.

Mondello, E. (2018). Finance: Angewandte Grundlagen. 1. Aufl. Wiesbaden: Springer-Gabler Verlag.

Müller, M. / Pester, M. (2019). Passive Anlagestrategien und Digitalisierung in der Vermögensverwaltung, in: Seidel, M. (Hrsg.). Banking & Innovation 2018/2019: Ideen und Erfolgskonzepte von Experten für die Praxis. 1. Aufl. Wiesbaden: Springer-Gabler Verlag.

PriceWaterhouseCoopers (2017). Onlinequelle. Asset & Wealth Management Revolution: Embracing Exponential Change. Erreichbar unter: https://www.pwc.com/gx/en/asset-management/asset-management-insights/assets/awm-revolution-full-report-final.pdf. Abruf am: 11.01.2020.

Priermeier, T. (2006). Fundamentalanalyse in der Praxis: Kennzahlen, Strategien, Praxisbeispiele. 1. Aufl. München: Finanzbuch Verlag.

Raab, W. (2019). Grundlagen des Investmentfondsgeschäft. 7. Aufl. Wiesbaden: Springer-Gabler Verlag.

Reents, H. (2011). Onlinequelle. Fonds: Mehrwert durch aktiven Management. Erreichbar unter: https://www.welt.de/print/die_welt/vermischtes/article12883971/

Fonds-Mehrwert-durch-aktives-Management.html. Abruf am: 19.02.2020.

Spremann, K. (2008). Portfoliomanagement. 4. Aufl. München: Oldenbourg Verlag.

Spremann, K. (2013). Private Banking: Kundenberatung, Finanzplanung, Anlagestrategien. 2., überarbeitete Aufl. München: Oldenbourg Verlag.

Steiner, M. / Bruns, C. / Stöckl, S. (2017). Wertpapiermanagement: Professionelle Wertpapieranalyse und Portfoliostrukturierung. 11., überarbeitete Aufl. Stuttgart: Schäffer-Poeschel Verlag.

Verein für Konsumenteninformation (2018). Besser ohne Management, in: Konsument, Heft Nr. 12, S. 33-35.

Vollkommer, T. (2019). Onlinequelle. Synthetisch replizierende ETF. Erreichbar unter: https://www.focus.de/finanzen/boerse/lexikon/boersenlexikon-etf-synthetisch-repliziert_id_10464233.html. Abruf am: 21.02.2020.